ECHTE KLASSIKER

DIE JEDER LIEBT

ECHTE KLASSIKER
DIE JEDER LIEBT

AUTORIN MONIKA SCHUSTER
FOTOS KLAUS-MARIA EINWANGER
MIT **TEXTEN** VON ALFONS SCHUHBECK

INHALT

WARUM WIR SO GERN KLASSIKER ESSEN?

WEIL SIE REZEPTE FÜRS LEBEN SIND!

Ein Koch, der in den Medien große Beachtung finden möchte, wird das sicherlich nicht dadurch schaffen, dass er klassische Gerichte für den letzten Schrei hält. Ebenso wenig wird ein Couturier in den Modejournalen gefeiert, wenn er auf den Laufstegen in Paris, Mailand oder New York das kleine Schwarze oder Jeans vorführen lässt. Köche und Couturiers werden von den Journalisten nur gewürdigt, wenn ihre Kellner und Mannequins etwas Neues, Aufreizendes, Glamouröses präsentieren.

Und was machen die Frauen, die so gern Modeschauen sehen, und die Gäste, die Avantgardeküche bestaunen, wenn die Scheinwerfer und Fotoapparate ausgeschaltet sind? Tragen sie dann die Haute Couture und essen sie die Kochkunst, mit der sie gerade geliebäugelt haben? Oder greifen sie zum Bewährten, zu dem, worin sie sich wohl fühlen, und zu dem, das ihnen wohl schmeckt?

Die Antwort fällt Ihnen, liebe Leserinnen und Leser, so leicht wie einem Koch oder Modeschöpfer die Erkenntnis, dass er nicht ewig das gleiche machen kann, sondern mit der Zeit gehen muss. In diesem Sinne ist die Küche eine Frage der Mode. Der Gedanke stammt nicht von mir, sondern von Auguste Escoffier, vor 100 Jahren einer der prägendsten Küchenchefs.

In unserem modischen Bewusstsein erfanden wir Köche die Küche nicht neu, sondern passten sie nur den allgemeinen Veränderungen an. Und wie in allen anderen Bereichen des Lebens gab und gibt es auch am Esstisch bei allem Wandel des Zeitgeschmacks immer Dinge von zeitloser Schönheit – nämlich die beliebtesten klassischen Gerichte.

Die werden in Frankreich oder Italien als Selbstverständlichkeit angesehen, aber bei uns bisweilen belächelt. Das muss alle Liebhaber von klassischen Gerichten nicht kümmern, denn sie können nicht nur auf ihren guten Geschmack verweisen, sondern auch darauf, dass die elitärste gastronomische Vereinigung der Welt, in der die 148 besten Restaurants Europas, Asiens, Nord- und Südamerikas sozusagen an einem Tisch sitzen, nicht Avantgarde & Experimente heißt, sondern Traditions & Qualité.

Was aber hat mehr Tradition als die großen Klassiker der Küche? Hier finden Sie eine Auswahl der schönsten und beliebtesten Gerichte. Ich wünsche Ihnen viel Freude beim Kochen und beim Genuss dessen, was nie aus der Mode kommt. Denn unser Herz schlägt freudig für traditionelle Rezepte, die wir aus Kindertagen kennen und die wir eigentlich immer essen könnten – kurzum: Rezepte fürs Leben!

Ihr

Alfons Schuhbeck

P.S. Und was es noch zu den Rezepten von Monika Schuster zu sagen gibt: Eine so profunde Köchin wie sie legt natürlich Wert auf beste Produkte. Da kann ich ihr nur zustimmen und Sie auffordern, dies beim Einkauf zu berücksichtigen.

SALATE & VORSPEISEN

CAESAR'S SALAD

MIT LEINSAMEN-CROÛTONS

Für 4 Personen
ZUBEREITUNG 20 Min.

2 Köpfe Romanasalat (à 400 g)
½ Kopf Radicchio (120 g)
60 g Parmesan

FÜR DAS DRESSING
2 Sardellenfilets in Öl
1 kleine Knoblauchzehe
2 Eigelbe (Größe M)
1 TL mittelscharfer Senf
1 TL scharfer Senf
1 EL Zitronensaft
2 EL Weißweinessig
100 ml Gemüsebrühe
20 g frisch geriebener Parmesan
8 EL Olivenöl
4 Prisen Zucker
Salz | schwarzer Pfeffer

FÜR DIE CROÛTONS
100 g Stangenweißbrot
3 kleine Zweige Thymian
2 EL Olivenöl
1 EL geschroteter Leinsamen

1. Romanasalat und Radicchio längs halbieren und den Strunk herausschneiden. Die Hälften in 3–4 cm große Stücke schneiden. Den Salat waschen und trocken schleudern. Bis zur Verwendung kühl stellen. Den Parmesan mit dem Gemüsehobel oder Sparschäler in dünne Späne hobeln.

2. Für das Dressing die Sardellenfilets kalt abspülen, mit Küchenpapier trocken tupfen und in kleine Stücke schneiden. Den Knoblauch schälen und grob zerkleinern. Eigelbe, beide Senfsorten, Zitronensaft, Essig, Gemüsebrühe, Parmesan, Sardellen und Knoblauch mit dem Pürierstab fein mixen. Zuletzt das Olivenöl unterschlagen. Das Dressing mit Zucker, Salz und Pfeffer abschmecken.

3. Für die Croûtons das Brot in etwa 2 cm große Würfel schneiden. Den Thymian waschen, trocken schütteln, abzupfen und fein hacken. Kurz vor dem Servieren das Öl in einer Pfanne erhitzen. Das Brot darin in etwa 2 Min. unter Rühren goldbraun rösten. Thymian und Leinsamen unterheben und die Croûtons leicht salzen.

4. Salat und Dressing in einer großen Schüssel mischen und auf vier Tellern anrichten. Mit den warmen Croûtons und den Parmesanspänen bestreuen. Sofort servieren.

NOT MACHT JA *bekanntlich erfinderisch – und so entstand auch dieser sehr gemischte Salat. Alex Cardini, ein Pionier der italienischen Luftwaffe, fiel 1924 mit Fliegerfreunden im Restaurant seines Bruders Caesar in der mexikanisch-amerikanischen Grenzstadt Tijuana ein. Die Runde hatte Hunger, aber in der Küche des »Caesar's Place« fanden sich nur noch Reste. Aus denen richtete Alex schöne große bunte Teller an, die er stolz als »Fliegersalat« servierte. Dessen Erfolg inspirierte Caesar Cardini, die Resteverwertung als Spezialität des Hauses anzubieten.*

PANZANELLA

MIT GEGRILLTEM GEMÜSE UND PAPRIKAVINAIGRETTE

Für 4 Personen
ZUBEREITUNG 50 Min.

je 1 gelbe, rote und orangefarbene Paprikaschote (etwa 700 g)
etwa 10 EL Olivenöl
1 Zucchino (200 g)
1 kleine Aubergine (200 g)
6–8 Zweige Thymian
2 Knoblauchzehen
Salz | schwarzer Pfeffer
½ Salatgurke (200 g)
1 Ciabatta (etwa 160 g)
1 Prise getrocknete Chiliflocken
4 EL schwarze Oliven ohne Kern (80 g)

FÜR DIE PAPRIKAVINAIGRETTE

1 EL mittelscharfer Senf
2 dünne Scheiben Knoblauch
2 EL Weißweinessig
2 EL Olivenöl
2 Prisen Zucker
Cayennepfeffer

AUSSERDEM

Grillpfanne

1. Den Backofen auf Grillfunktion vorheizen. Paprika waschen, halbieren und putzen. Die Hälften in je 3 Stücke schneiden. Etwa 60 g rote Paprika beiseitelegen. Die restlichen Stücke mit der Hautseite nach oben auf ein Backblech legen. Mit 2 EL Öl beträufeln und im Ofen (Mitte) etwa 12 Min. grillen. Herausnehmen und etwas zusammenschieben. 4 Bögen Küchenpapier aufeinanderlegen, anfeuchten und auf die Schoten legen. Die Paprika abkühlen lassen, häuten und in dünne Streifen schneiden.

2. Zucchino und Aubergine waschen, putzen, längs halbieren und in 5 mm dicke Scheiben schneiden. Thymian waschen und trocken schütteln. Knoblauch schälen und halbieren.

3. In der Pfanne 2 EL Öl erhitzen. Die Hälfte von Zucchini, Thymian und Knoblauch hineinlegen. Salzen, pfeffern und bei mittlerer Hitze 2 Min. braten. Wenden und 1 Min. weiterbraten. Auf Küchenpapier abtropfen lassen. Die restlichen Zucchini mit 1 EL Öl ebenso garen. Die Pfanne ausreiben. 2 EL Öl, restlichen Thymian und Knoblauch darin erhitzen. Die Hälfte der Auberginen hineinlegen, salzen und pfeffern. 2 Min. garen, wenden und 1 Min. weiterbraten. Abtropfen lassen. Die restlichen Auberginen mit 1 EL Öl ebenso braten.

4. Die Gurke waschen, halbieren und die Kerne herausschaben. Die Hälften klein würfeln. Ciabatta klein würfeln. Das restliche Öl erhitzen und das Brot unter Rühren in 5 Min. goldbraun rösten. Mit Salz und Chili würzen. Herausnehmen und abtropfen lassen.

5. Für die Vinaigrette die restliche Paprika grob zerkleinern. Mit Senf, Knoblauch, Essig und Öl mit dem Pürierstab fein mixen. Mit Salz, Pfeffer, Zucker und Cayennepfeffer pikant abschmecken. Brot, Gemüse, Gurken, Oliven und Vinaigrette in einer Schüssel mischen. Nochmals mit Salz und Pfeffer würzen und servieren.

KAM DIE IDEE *zum toskanischen Brotsalat an Land oder auf dem Meer? Das ehemalige Arme-Leute-Gericht ist jahrhundertealt, weshalb sich nicht mehr klären lässt, welche der beiden Ursprungsversionen wahr ist. Die eine beruft sich auf die bäuerliche Sitte, trockenes Brot zu befeuchten und mit frischem Gemüse zu essen, die andere auf einen Brauch der Fischer. Die nahmen Öl, Essig, Brot und Tomaten mit und wenn ihr Brot zu hart war, nässten sie es mit Meerwasser und weichten es in Tomatensaft ein, um Öl und Essig zu sparen. Dies Seemannsgarn spinnt auch Boccaccio, der ja in seinem »Decamerone« viele schöne Geschichten erzählte.*

GEKOCHTER SPARGEL

MIT GRÜNEN BUTTERBRÖSELN UND EI

Für 4 Personen
ZUBEREITUNG 40 Min.

1 kg weißer Spargel
(1er- oder 2er-Qualität)
1 EL Butter
1 TL Gemüsebrühpulver
1 ½ EL Salz
2 EL Zucker
2 Stück Bio-Orangenschale (à etwa 8 cm)
1 Spritzer Zitronensaft
2 Eier (Größe M)
½ Bund Schnittlauch

FÜR DIE BUTTERBRÖSEL
einige Stängel Basilikum, Dill, Kerbel und Petersilie (abgezupft etwa 10 g)
2 Scheiben Toastbrot
4 EL Butter
1 EL Olivenöl

1. Den Spargel waschen, schälen und die holzigen Endstücke abschneiden. Etwa 2 l Wasser in einem Topf (24 cm ø) aufkochen. Mit Butter, Gemüsebrühe, Salz, Zucker, Orangenschale und Zitronensaft abschmecken. Die Spargelenden ins Wasser geben und etwa 10 Min. darin ziehen lassen. Die Spargelstangen in den Sud legen und bei mittlerer Hitze etwa 8 Min. köcheln lassen. Den Herd ausschalten und den Spargel noch 10 Min. ziehen lassen.

2. Inzwischen die Eier in kochendem Wasser in 10 Min. hart kochen. Abgießen und kalt abschrecken. Die Eier pellen, in kleine Würfel schneiden und beiseitestellen. Den Schnittlauch waschen, trocken schütteln und in feine Röllchen schneiden.

3. Für die Butterbrösel die Kräuter waschen, trocken schütteln und die Blätter abzupfen. Das Toastbrot grob zerschneiden. Mit den Kräutern im Blitzhacker fein zerreiben, bis die Brösel grün sind.

4. Kurz vor dem Servieren die Butter in einer Pfanne erhitzen und die Kräuterbrösel darin etwa 3 Min. unter Rühren rösten. Das Olivenöl einrühren.

5. Den Spargel portionsweise anrichten. Mit den Butterbröseln, gehacktem Ei und Schnittlauch bestreuen. Sofort servieren. Wer mag, reicht den heißen »Spargeltee« als Getränk zum Einstimmen auf die Spargelsaison.

MIT DEM SPARGEL *ist es wie mit den »Frühlingsgefühlen«: Man kann sie kaum erwarten, aber man weiß nicht, wann sie kommen. Spargel wurde bereits im alten Rom als Delikatesse herbeigesehnt. Kaiser Augustus mochte ihn bei keinem Festmahl missen. Schon damals animierte das Gemüse zu Rekordzüchtungen: Um 50 n. Chr. wurden so dicke Stangen erreicht, dass drei auf ein Pfund kamen. Im Frühjahr 2008 meldete der Bauer Peter Lipp aus dem südhessischen Weiterstadt fürs Guinnessbuch der Rekorde einen 108,1 Zentimeter langen Spargel an. Das Erfolgsgeheimnis: »Einfach nur wieder Erde aufhäufen, wenn der Spargel aus der Erde guckt. Dann wächst die Stange immer weiter.«*

VITELLO TONNATO

MIT FRITTIERTEN KAPERN

Für 4 Personen
ZUBEREITUNG 25 Min.
BACKEN 45 Min.

500 g Schwanzrolle vom Kalb
2 Zweige Thymian
4–5 EL Pflanzenöl
Salz | schwarzer Pfeffer
1 EL Olivenöl
1 Thunfischsteak (200 g, Sushi-Qualität)
Meersalz (z.B. Fleur de Sel)
2 EL Kapern (aus dem Glas)
4 Bio-Zitronenecken

FÜR DIE SAUCE

100 ml trockener Weißwein
1 Glas Thunfisch in Olivenöl
(Abtropfgewicht 175 g)
3 Sardellenfilets in Öl
2 gehäufte EL Mayonnaise (60 g, s. S. 187
oder aus dem Glas)
2 EL Crème fraîche
1 EL Kapern (aus dem Glas)
1 Prise Zucker
einige Spritzer Zitronensaft

AUSSERDEM

Bratenthermometer

1. Den Backofen auf 120° (Umluft, Ober-/Unterhitze 140°) vorheizen. Am Fleisch eventuell verbliebene Sehnen entfernen. Thymian waschen und trocken schütteln. 1 EL Pflanzenöl in einer Pfanne erhitzen, den Thymian zugeben. Das Fleisch mit Salz und Pfeffer würzen und im heißen Öl in etwa 6 Min. rundum goldbraun anbraten. Herausheben, auf das Ofengitter legen und das Bratenthermometer in die Mitte stecken.

2. Das Fleisch in den Ofen (Mitte) schieben. Etwa 100 ml Wasser in eine ofenfeste Form gießen und auf einem Backblech unter das Fleisch stellen, sodass austretender Fleischsaft hineintropft. Das Fleisch in etwa 45 Min. zart rosa garen, bis die Kerntemperatur etwa 58° beträgt. Herausnehmen und abkühlen lassen.

3. Für die Sauce den Bratensatz mit Weißwein und einem Pinsel lösen. Ebenfalls abkühlen lassen. Den Thunfisch in einem Sieb abtropfen lassen. Sardellen kalt abspülen und trocken tupfen. Thunfisch, Sardellen, Mayonnaise, Crème fraîche, Kapern und den gelösten Bratensatz mit dem Pürierstab fein mixen. Mit Salz, Pfeffer, Zucker und Zitronensaft abschmecken.

4. Das Olivenöl in einem Pfännchen erhitzen. Den Thunfisch von beiden Seiten mit Meersalz würzen. Im heißen Öl von jeder Seiten 30 Sek. scharf anbraten, herausnehmen. 3–4 EL Pflanzenöl im Pfännchen erhitzen. Die Kapern trocken tupfen und darin etwa 10 Sek. frittieren. Mit einer Schaumkelle herausheben und auf Küchenpapier abtropfen lassen.

5. Kalbfleisch und Thunfisch mit einem scharfen Messer in dünne Scheiben schneiden. Das Fleisch auf flachen Tellern auslegen und mit der Sauce bestreichen. Die Thunfischscheiben darauflegen, und mit den frittierten Kapern bestreuen. Mit Zitronenecken servieren.

BEIM KALB *haben die Italiener die größte Fleischeslust – niemand anderer in der Küchenwelt serviert so viele Gerichte vom fettarmen Jungrind. Und so originelle: Ossobuco, Piccata, Saltimbocca, Vitello tonnato … Der (damals noch un-)bekannte Gastronomiejournalist Wolfram Siebeck veröffentlichte in den 1960er-Jahren im Kultmagazin »Twen« das erste Vitello-tonnato-Rezept in Deutschland. Wem Kalb zu teuer ist, dem riet der in seinem Heimatland auch als Hobbykoch sehr geschätzte italienische Schauspieler Ugo Tognazzi (»Das große Fressen«, »Ein Käfig voller Narren«), die Vitello-tonnato-Sauce ebenso gut zu zarten Schweinebratenscheiben zu servieren.*

TAFELSPITZSÜLZE

MIT GEMÜSEWÜRFELN UND MEERRETTICH

Für 4–6 Personen
ZUBEREITUNG 45 Min.
KÜHLEN 5 Std.

1 Möhre (120 g)
120 g Knollensellerie
80 g Lauchgrün
Salz
550 ml Tafelspitzbrühe (s. S. 182)
1 Pck. Sülzenpulver (25 g, vom Metzger oder Feinkostladen)
5 EL Weißweinessig
½ TL Gemüsebrühpulver
schwarzer Pfeffer
500–550 g gekochter, abgekühlter Tafelspitz (von der Tafelspitzbrühe s. S. 182)

FÜR DIE SAUCE

80 g Crème fraîche
80 g saure Sahne
1 EL Sahnemeerrettich (aus dem Glas)
1 Spritzer Zitronensaft
6 Radieschen
½ Bund Schnittlauch
Meersalz (z.B. Fleur de Sel)
1 Prise Zucker
½ Stange frischer Meerrettich

AUSSERDEM

Terrinen- oder Kastenform (1 l Inhalt)

1. Möhre und Sellerie waschen, putzen, schälen und in feine Würfel schneiden. Lauch gründlich waschen und ebenfalls fein schneiden. Die Möhren- und Selleriewürfel in kochendem Salzwasser 1 Min. garen. Lauch zugeben und 2 Min. mitgaren. Das Gemüse in ein Sieb abgießen, eiskalt abschrecken und gut abtropfen lassen.

2. Die Brühe in einem Topf aufkochen. Das Sülzenpulver einrühren und aufkochen lassen. Mit Essig, Gemüsebrühe, Salz und Pfeffer kräftig abschmecken, auskühlen lassen. Das Fleisch gegen die Faser in dünne Scheiben schneiden.

3. Die Terrinenform mit Frischhaltefolie auslegen. Etwas abgebundene Sülzenflüssigkeit (Sülzenstand) hineingießen. Dann abwechselnd Gemüse, Fleisch und Sülzenstand in die Form schichten. Mit Frischhaltefolie abdecken und 5 Std. oder über Nacht kühl stellen.

4. Für die Sauce Crème fraîche, saure Sahne, Sahnemeerrettich und Zitronensaft verrühren. Radieschen waschen und in kleine Würfel schneiden. Schnittlauch waschen, trocken schütteln und fein schneiden. Beides in die Sauce rühren. Mit Meersalz, Pfeffer und Zucker pikant abschmecken.

5. Die Sülze stürzen und die Folie entfernen. Mit einem scharfen Messer in fingerdicke Scheiben schneiden. Die Messerklinge vorher in heißes Wasser tauchen. Alternativ ein Elektromesser verwenden. Den Meerrettich waschen, schälen und grob hobeln. Die Sülze portionsweise anrichten und mit der Sauce und dem Meerrettich servieren. Dazu schmecken Röstkartoffeln (s. S. 185) oder frisches Bauernbrot mit Butter. Die Sülze nach Geschmack noch mit Weißweinessig und Sonnenblumenöl beträufeln.

WER BEI SÜLZE *nur an Bratkartoffel mit Schweinesülze in der Dorfwirtschaft denkt, verkennt die Kreativität der modernen Küche. Die muss längst nicht mehr möglichst eiweißreiche Fleischstücke wie Kopf oder Fuß kochen, um eine stark gelierende Brühe zu bekommen. Wie käme es sonst zu Desserts wie Sülze von Waldbeeren, Kirschen oder Berliner Weiße? Einst eine sinnvolle Resteverwertung im Wirtshaus sind die damals unscheinbaren Sülzen heute eine Möglichkeit für kreative Köche: Mit dieser Methode gestalten sie für Vor- oder Nachspeisen farbenprächtige Tellergemälde und Mosaike aus edlen Produkten.*

RINDERTATAR

MIT ESSIGGURKEN UND FRISCHEM SCHNITTLAUCHBROT

Für 4 Personen
ZUBEREITUNG 15 Min.

2 Schalotten (40 g)
3 Sardellen (aus dem Glas)
1 TL Kapern (aus dem Glas)
2 Essiggurken (etwa 50 g)
500 g Rindertatar (frisch vom Metzger)
2 Eigelbe (Größe M)
1 TL mittelscharfer Senf
1 TL scharfer Senf
2 EL Tomatenketchup
einige Spritzer Tabasco
einige Spritzer Worcestersauce
Salz | schwarzer Pfeffer

FÜR DAS SCHNITTLAUCHBROT

1–2 Bund Schnittlauch
4–8 Scheiben frisches Bauernbrot
(je nach Größe)
Butter zum Bestreichen

1. Die Schalotten schälen und in feine Würfel schneiden. Die Sardellen kalt abspülen und mit Küchenpapier trocken tupfen. Mit den Kapern fein hacken. Die Essiggurken in feine Würfel schneiden.

2. Das Tatar in eine Schüssel geben. Schalotten, Sardellen, Kapern, Essiggurken, Eigelbe, beide Senfsorten und Tomatenketchup zugeben. Alles behutsam vermischen und das Tatar mit Tabasco, Worcestersauce, Salz und Pfeffer pikant abschmecken.

3. Für das Schnittlauchbrot den Schnittlauch waschen, trocken schütteln und in feine Röllchen schneiden. Auf einem flachen Teller verteilen. Die Brotscheiben mit Butter bestreichen und mit der Butterseite in den Schnittlauch drücken.

4. Das Rindertatar mit dem Schnittlauchbrot portionsweise anrichten und servieren.

DAS ZUMINDEST BIS ZUM SIEGESZUG *des Carpaccio bekannteste Gericht aus rohem Fleisch ist nach dem wilden, verwegenen mongolischen Reitervolk benannt, das es bis nach Europa schaffte und liebend gern alles kurz und klein schlug. Unterwegs ritt es rohe Fleischstücke unter den Sätteln mürbe und verschlang sie anschließend. Ob das Tatar auch als Tartar angeboten wird, weil die Reiterhorden oft fälschlich Tartaren genannt werden oder auf ihre Opfer wie Tartarus wirkten (der tiefste Teil der griechischen Unterwelt), ist unbekannt. Wer sein Tatar auch im Ausland nicht missen möchte, sollte in englisch- und französischsprachigen Ländern steak tartare und in Belgien filet américain bestellen.*

GEBEIZTER LACHS

MIT ORANGEN, FENCHEL UND DILL

Für 4 Personen
ZUBEREITUNG 20 Min.
MARINIEREN 24 Std.

800 g frisches Lachsfilet mit Haut (vom Fischhändler schuppen lassen)
2 TL schwarze Pfefferkörner
5 Wacholderbeeren
½ TL Anissamen
1 TL Fenchelsamen
1 EL Meersalz (z.B. Fleur de Sel)
1 gehäufter EL Zucker
1 Prise getrocknete Chiliflocken
je ½ Bio-Orange und -Zitrone
14 Stängel Dill
1 TL Olivenöl

FÜR DIE HONIG-SENF-SAUCE
1 Eigelb (Größe M)
1 EL mittelscharfer Senf
einige Spritzer Tabasco
Salz | schwarzer Pfeffer
70 ml Pflanzenöl
3–4 Stängel Dill
1 TL Dijon-Senf (oder scharfer Senf)
1 ½ EL Blütenhonig

AUSSERDEM
Fischpinzette

1. Den Lachs kalt abspülen und mit Küchenpapier trocken tupfen. Eventuell verbliebene Gräten mit der Pinzette entfernen. 1 TL Pfefferkörner mit Wacholderbeeren, Anissamen, Fenchelsamen, Meersalz, Zucker und Chiliflocken im Mörser grob zerreiben. Den Lachs mit der Hautseite nach unten in eine Form legen und mit der Würzmischung bestreuen.

2. Orange und Zitrone heiß abspülen und trocknen. Die Orange in 5, die Zitrone in 4 Scheiben schneiden. 6 Stängel Dill waschen, trocken schütteln und grob hacken. Auf dem Lachs verteilen und mit den Zitrusscheiben belegen.

3. Den Fisch mit Frischhaltefolie abdecken und mit einem Brett und einem Topf beschweren. Dabei darauf achten, dass die gesamte Fläche beschwert ist. Den Lachs mindestens 24 Std., besser 2 Tage durchziehen lassen.

4. Den Fisch kalt abspülen und alle Aromen entfernen. Zum Verfeinern 8 Stängel Dill waschen, trocken schütteln, abzupfen und fein hacken. 1 TL Pfefferkörner im Mörser grob zerreiben. Die Lachsseite mit Olivenöl bestreichen und mit Pfeffer und Dill bestreuen. Beides mit der Handfläche etwas andrücken.

5. Für die Sauce Eigelb und Senf in ein hohes Gefäß geben, mit Tabasco, Salz und Pfeffer würzen. Mit dem Pürierstab verquirlen, dabei das Öl langsam einlaufen lassen. Dill waschen, trocken schütteln, abzupfen und fein hacken. Die Mayonnaise mit Senf, Honig und dem Dill verrühren. Mit Salz und Pfeffer abschmecken.

6. Den Lachs mit einem scharfen Messer in hauchdünnen Scheiben von der Haut schneiden. Portionsweise mit der Honig-Senf-Sauce und frischem Baguette oder Toastbrot servieren.

AUCH DIE BESTEN *Steaks und Schnitzel kommen aus der Viehzucht und nicht etwa von wild lebenden Rindern. Die moderne Fischzucht hingegen wird zumeist scheel angesehen. Beste Lachse lassen sich aber genauso wie Kobe-Beef oder Salzwiesenlämmer züchten, wenn die Gehege in Buchten, Fjorden oder auf hoher See mindestens 50 Meter Wassertiefe haben und das Nass- oder Trockenfutter hochwertig ist (Fischmehl, Öl, Vitamine, Mineralstoffe). Es wird in Form von Bröckchen gegeben, die mit der Größe der Fische mitwachsen und eine solche Sinkgeschwindigkeit haben, dass sie von der Strömung erfasst werden. Dann müssen die Lachse hinter ihnen herjagen und werden nicht träge.*

SHRIMPSCOCKTAIL

MIT ANANAS UND CHIFFONADE

Für 4 Personen
ZUBEREITUNG 20 Min.

500 g Partygarnelen (oder Shrimps in Lake)
4 EL Mayonnaise (80 g, s. S. 187 oder aus dem Glas)
3 EL Tomatenketchup
1 TL Weinbrand
1 EL roter Portwein
1 TL frisch geriebener Meerrettich
Salz | schwarzer Pfeffer
1 Msp. Cayennepfeffer
1 Stück frische Ananas (150 g Fruchtfleisch)

FÜR DIE CHIFFONADE

3 Blätter Chicorée
3 Blätter Radicchio
2 Blätter Eisbergsalat

1. Die Garnelen in einem Sieb kalt abspülen und gut abtropfen lassen. Eventuell verbliebene Schalenreste entfernen.

2. Die Mayonnaise mit Ketchup, Weinbrand, Portwein und Meerrettich verrühren. Mit Salz, Pfeffer und Cayennepfeffer pikant abschmecken.

3. Die Ananas schälen, dabei auch die braunen Stellen herausschneiden. Den Strunk entfernen und das Fruchtfleisch in kleine Würfel schneiden. Die Ananaswürfelchen und die Garnelen unter die Cocktailsauce heben. Den Cocktail nochmals mit Salz und Pfeffer abschmecken.

4. Für die Chiffonade alle Salatblätter waschen, trocken tupfen und in feine Streifen schneiden. Die Salatstreifen in vier Gläser oder Schalen verteilen. Den Shrimpscocktail daraufgeben und sofort servieren. Als Beilage passen frisch geröstetes Toastbrot oder Stangenweißbrot.

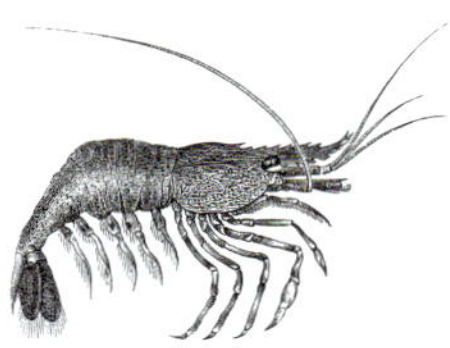

DER VOR 100 JAHREN *in den USA kreierte Shrimpscocktail fehlt bei keinem Brunch. Das Kunstwort sollen englische Studenten geprägt haben, 1895 tauchte es erstmals in der Presse auf (in »Hunter's Weekly«). In den 1930er-Jahren wurde der Brunch im Bahnknotenpunkt Chicago populär, wo die Fernreisenden (darunter viele Prominente) beim Umsteigen zwischen den Interkontinentalzügen Zeit hatten. Zum US-Volksbrauch geriet der Brunch in den 50er- und 60er-Jahren, als die meisten Amerikaner nicht mehr in die Kirche gingen und damit der rituelle Sonntagsablauf passé war. Dieser neuen Freiheit entsprach das zwanglose ausgedehnte Frühstücken. Dass der Brunch nicht in Gourmet-, sondern Hotelrestaurants stattfindet, erklären große Köche etwa so: »Wenn nach dem Samstagabendmenü die Woche rum ist, geht man einen trinken und will sonntags ausschlafen, statt ein Büffet aufzubauen.«*

RINDER-CARPACCIO

MIT CHAMPIGNONSALAT UND PESTONOCKE

Für 4 Personen
ZUBEREITUNG 30 Min.
TIEFKÜHLEN 4 Std.

250 g Rinderfilet
1 gehäufter EL Crème fraîche
1 gehäufter EL saure Sahne
1 Spritzer Zitronensaft
Salz | schwarzer Pfeffer
4 TL Olivenöl
Meersalz (z.B. Fleur de Sel)

FÜR DAS PESTO
3–4 Stängel Basilikum
2 Stängel glatte Petersilie
30 g gehäutete Mandelstifte
10 g Pinienkerne
40 g Parmesan
50 ml Olivenöl

FÜR DEN SALAT
100 g Champignons
100 g Staudensellerie
2 Stängel glatte Petersilie
2 EL Zitronensaft
2 Prisen Zucker
1 Prise getrocknete Chiliflocken
2 EL Olivenöl

1. Am Fleisch eventuell verbliebene Sehnen und Hautreste entfernen. Das Filet zuerst in Frischhaltefolie, dann in Alufolie wickeln. In Form bringen und die Enden zusammendrehen. Das Fleisch etwa 4 Std. tiefkühlen, bis es fest ist. So lässt es sich hauchdünn aufschneiden.

2. Die Crème fraîche mit saurer Sahne und Zitronensaft verrühren. Die Sauce mit Salz und Pfeffer abschmecken.

3. Für das Pesto Basilikum und Petersilie waschen, trocken schütteln und abzupfen. Mandeln und Pinienkerne in einem Pfännchen ohne Fett in etwa 2 Min. goldbraun rösten. Herausnehmen und auf Küchenpapier auskühlen lassen. Kräuter, geröstete Mandeln, Pinienkerne, Parmesan und Olivenöl mit dem Pürierstab fein mixen.

4. Für den Salat die Champignons mit einer Pilzbürste oder Küchenpapier abreiben. Die Enden abschneiden, die Pilze in kleine Stücke schneiden. Staudensellerie waschen, das Grün abzupfen und beiseitelegen, harte Fäden abziehen. Die Stangen fein würfeln. Die Petersilie waschen, trocken schütteln, abzupfen und grob hacken. Champignons, Sellerie und Petersilie mischen. Für das Dressing Zitronensaft, Salz, Pfeffer, Zucker und Chiliflocken verrühren. Das Olivenöl unterschlagen.

5. Zum Anrichten die Sauce auf vier Tellern verteilen. Das Filet auswickeln, mit einem scharfen Messer in hauchdünne Scheiben schneiden und auf dem Saucenspiegel auslegen. Mit je 1 TL Olivenöl beträufeln und mit Meersalz und Pfeffer würzen.

6. Salat und Dressing mischen und auf dem Carpaccio verteilen. Das Selleriegrün darüberzupfen. Vom Pesto Nocken abstecken und auf den Salat setzen. Mit Grissinistangen servieren.

WEIL IHR DER ARZT *von gegartem Fleisch abgeraten hatte, erbat die Comtessa Amalia Nani Mocinego 1950 in der legendären »Harry's Bar« in Venedig, die zu ihren Drinks auch etwas zu essen bot, eine Kleinigkeit aus rohem Fleisch. Hausherr Giuseppe Cipriani kam die Eingebung, Rindfleisch in hauchdünne Scheiben zu schneiden, mit frischem Pfeffer und Zitronensaft zu würzen sowie mit etwas weißer Mayonnaisesauce zu bestreichen – und servierte seine Kreation als »Carpaccio«, weil ihn die Farbe des Fleisches an das Rot der Gemälde des gerade ausgestellten venezianischen Renaissance-Malers Vittore Carpaccio erinnerte.*

SUPPEN, EINTÖPFE & OFENHITS

BOUILLABAISSE

MIT SAFRAN UND KNOBLAUCHBROT

Für 4 Personen
ZUBEREITUNG 1 Std. 15 Min.

1 mehligkochende Kartoffel (130 g)
Salz | 1 Knoblauchzehe
1 Eigelb (Größe M)
1 TL mittelscharfer Senf
100 ml Olivenöl
1 TL Crème fraîche
schwarzer Pfeffer
1 Spritzer Zitronensaft
12 Scheiben Baguette

FÜR DIE BOUILLABAISSE
4 Garnelen ohne Kopf (150 g)
4 Rotbarbenfilets mit Haut (à 80 g)
4 Jakobsmuscheln ohne Rogen (100 g)
1 Lachsfilet ohne Haut (200 g)
2 Seeteufelfilets (à 130 g)
½ Fenchelknolle (150 g)
1 Stange Staudensellerie mit Grün
2 Tomaten (200 g)
2 EL Olivenöl
1 Prise Safranfäden
Meersalz (z.B. Fleur de Sel)
1 l heißer Fischfond (s. S. 183)
4–5 Stängel Dill
Cayennepfeffer

1. Die Kartoffel waschen und in Salzwasser etwa 30 Min. garen. Abgießen, ausdampfen lassen, pellen und durch die Kartoffelpresse drücken. Knoblauch schälen und vierteln. Mit Eigelb und Senf mit dem Pürierstab verquirlen, dabei das Öl langsam einlaufen lassen. Mayonnaise und Crème fraîche mit einem Kochlöffel unter die Kartoffel rühren. Mit Salz, Pfeffer und Zitronensaft abschmecken.

2. Für die Bouillabaisse die Garnelen schälen, längs halbieren und den Darm entfernen (Schalen für den Fischfond verwenden, s. S. 183). Fische kalt abspülen, eventuelle Gräten entfernen. Rotbarben dritteln, Jakobsmuscheln quer halbieren, Lachs in 12 Würfel schneiden, Seeteufel in je 4 Scheiben schneiden.

3. Den Fenchel waschen, putzen und den Strunk entfernen. In feine Streifen schneiden. Sellerie waschen, das Grün abzupfen, harte Fäden abziehen. Die Stange schräg in feine Scheiben schneiden. Die Tomaten an der Unterseite kreuzförmig einschneiden, die Stielansätze entfernen. Die Früchte zuerst 30 Sek. in kochendes, dann in eiskaltes Wasser legen. Häuten, vierteln und entkernen. Die Viertel in feine Streifen schneiden.

4. Das Öl in einem großen Topf (28 cm ø) erhitzen. Fenchel und Sellerie 3 Min. darin anbraten. Safran einstreuen und 3 Min. mitgaren. Fischstücke, Garnelen und Jakobsmuscheln leicht salzen, auf das Gemüse legen und den Fischfond zugießen. Aufkochen und bei schwacher Hitze 4–5 Min. ziehen lassen.

5. Den Dill waschen, trocken schütteln und abzupfen. Mit dem Selleriegrün grob hacken. Kräuter und Tomaten zur Suppe geben. Vom Herd nehmen und nach Wunsch mit Meersalz und Cayennepfeffer nachwürzen. Die Baguettescheiben mit der Knoblauchcreme bestreichen. Die Fischsuppe in vorgewärmten Tellern anrichten. Mit den Knoblauchbroten servieren.

AM ENDE DES MARKTTAGES *hatten die Fischhändler in Marseille erstens nicht alles verkauft und zweitens Hunger. Da lag es nahe, aus den Resten (baisse) rasch eine Suppe zu kochen (bouillir) und sie provenzalisch zu würzen – ein schlichter Eintopf, der sich leicht bereichern lässt. Das inspirierte zur Nachahmung in den Hafenstädten und zur Verfeinerung in den Restaurants von Menton an der italienischen bis zum Cap Cerbère an der spanischen Grenze. Doch die Bouillabaisse-Puristen akzeptieren nur die Versionen zwischen Marseille und Toulon und verklären ihre Fischsuppe ins Märchenhafte: Mit ihr lenkte Liebesgöttin Venus ihren Mann Vulkan ab, als sie ein Techtelmechtel mit Mars anfing …*

KARTOFFELSUPPE

MIT GEBRATENEN STEINPILZEN

Für 4 Personen
ZUBEREITUNG 50 Min.

400 g mehligkochende Kartoffeln
100 g Knollensellerie
1 Möhre (100 g)
1 Zwiebel (100 g)
2 EL Olivenöl
1 l Rinderbrühe (s. S. 182)
Salz | schwarzer Pfeffer
frisch geriebene Muskatnuss
200 g Sahne

FÜR DIE PILZE
150 g frische Steinpilze (oder Egerlinge)
½ Knoblauchzehe
1 Stängel glatte Petersilie
2 EL Olivenöl
1 Prise Meersalz (z.B. Fleur de Sel)

1. Kartoffeln, Sellerie und Möhre waschen, putzen, schälen und in 1 cm große Würfel schneiden. Die Zwiebel schälen und ebenfalls in kleine Würfel schneiden.

2. Das Olivenöl in einem Topf (20 cm ø) erhitzen. Die Zwiebelwürfel darin bei mittlerer Hitze 2 Min. unter Rühren glasig dünsten. Die Möhren- und Selleriewürfel zugeben und 1 Min. mitdünsten. Die Kartoffeln einrühren und 1 Min. weitergaren. Mit der Rinderbrühe ablöschen und aufkochen lassen. Das Gemüse offen bei schwacher Hitze in etwa 30 Min. weich kochen.

3. In der Zwischenzeit die Steinpilze putzen. Die Enden abschneiden und die Pilze in mundgerechte Stücke teilen. Den Knoblauch schälen und möglichst fein hacken. Die Petersilie waschen, trocken schütteln, abzupfen und grob hacken.

4. Die Suppe vom Herd nehmen und mit dem Pürierstab fein mixen. Mit Salz, Pfeffer und Muskatnuss abschmecken. Die Sahne einrühren, aufkochen und etwa 2 Min. sämig einkochen lassen.

5. Kurz vor dem Servieren das Olivenöl in einer Pfanne erhitzen. Die Pilze darin etwa 1 Min. scharf anbraten. Knoblauch und Petersilie einstreuen, mit Meersalz und Pfeffer würzen und alles 1 Min. weiterrösten.

6. Die Kartoffelsuppe mit dem Pürierstab nochmals schaumig aufmixen. In vorgewärmten tiefen Tellern oder Schalen anrichten und die Steinpilze darauf verteilen. Mit frischem Bauernbrot oder Weißbrot servieren.

AUCH BEI KARTOFFELN *und Suppen gibt's Geschmacksunterschiede, so wie zwischen teurem Bordeaux und billigem Landwein. Suppen können sehr bescheiden sein, wie die berüchtigte Wassersuppe, und sehr gehaltvoll wie die feierlichen Hochzeits- und Festtagssuppen. Besonderer Suppenvielfalt rühmte sich der »Hoch-Fürstlich-Salzburgische Stadt- und Landschafts-Koch« Conrad Hagger. Er konnte bereits im Barock »auf ein gantzes Jahr täglich die Suppe verändern« und servierte sie auf Semmelschnitten, die die Aromen aufsogen und dann wie ein Konzentrat mundeten.*

HÜHNERBRÜHE

MIT LIEBSTÖCKEL UND EIERNUDELN

Für 4 Personen
ZUBEREITUNG 4 Std.

1 frisches Suppenhuhn (etwa 1,4 kg)
Salz
1 EL Gemüsebrühpulver
1 große Möhre (140 g)
100 g Lauch
1 Tomate (100 g)
200 g Knollensellerie
1 Zwiebel (100 g)
je 8 Wacholderbeeren und Pimentkörner
1 TL schwarze Pfefferkörner
2 Lorbeerblätter
4–6 abgezupfte Petersilienstängel
2–3 Stängel Liebstöckel
schwarzer Pfeffer
½ Bund Schnittlauch

FÜR DIE EIERNUDELN

50 g Hartweizengrieß
100 g Mehl + Mehl zum Arbeiten
1 Ei und 2 Eigelbe (beides Größe M)
1 EL Olivenöl
frisch geriebene Muskatnuss

AUSSERDEM

Nudelmaschine

1. Das Huhn innen und außen kalt abspülen und trocken tupfen. Längs halbieren, die Hälften nochmals halbieren. Die Stücke mit 3,5 l kaltem Wasser, 1 EL Salz und Brühpulver in einen hohen Topf (20 cm ø) geben. Aufkochen und 1 Std. köcheln lassen. Dabei auftretenden Schaum abschöpfen.

2. Möhre, Lauch, Tomate und Sellerie waschen, putzen und schälen. Möhre, Lauch und Tomate halbieren, Sellerie grob schneiden. Zwiebel halbieren und mit Schale in einer Pfanne ohne Fett etwa 5 Min. dunkel rösten. Gemüse, Zwiebel, Wacholder, Piment, Pfeffer und Lorbeer zur Suppe geben. Petersilie und Liebstöckel waschen, etwas Liebstöckelgrün beiseitelegen. Kräuter ebenfalls zugeben und die Suppe 2 Std. 45 Min. weiterköcheln lassen.

3. Inzwischen für die Nudeln Grieß, Mehl, Ei, Eigelbe, Öl, Salz und Muskat zu einem glatten Teig verkneten. In Frischhaltefolie wickeln und 2 Std. kühlen.

4. Den Teig in kleine Stücke schneiden, auf bemehlter Arbeitsfläche etwas flach drücken und mit der Nudelmaschine zu dünnen Teigplatten ausrollen. Diese längs halbieren und mit dem Aufsatz für feine Nudeln zu schmalen Nudeln (3 mm x 12 cm) ausrollen. Die Nudeln zu Nestern aufrollen.

5. Die Suppe vorsichtig durch ein feines Sieb gießen. Das Fleisch abkühlen lassen. Fett und Knochen lösen, das Fleisch in mundgerechte Stücke zupfen. Sellerie und Möhre klein schneiden.

6. Etwa 1 l Hühnerbrühe mit dem Fleisch und dem Gemüse erwärmen. Nochmals mit Salz und Pfeffer abschmecken. Schnittlauch waschen, trocken schütteln. Mit dem Liebstöckelgrün fein schneiden. Die Nudeln in reichlich kochendem Salzwasser aufkochen, durchrühren und 2 Min. kochen lassen. Abgießen und abtropfen lassen. Etwas Muskat in vorgewärmte Teller reiben. Die Nudeln darin verteilen, mit Suppe übergießen und mit Schnittlauch und Liebstöckel bestreuen.

HÜHNERBOUILLON *demonstriert am eindrücklichsten, was wir brauchen, wenn wir krank oder verkatert sind – manche Suppen entfachen seit jeher neue Lebensenergie. Eine warme Suppe kann Kraft geben, eine Kaltschale kann munter machen. Diese aufbauenden Suppen, die den Menschen wiederherstellen (französisch: restaurer), inspirierten in den Anfängen unserer heutigen Gastronomie die Pariser Suppenküchen, sich Restaurants zu nennen.*

FRANZÖSISCHE ZWIEBELSUPPE

MIT MAJORAN UND RACLETTETOAST

Für 4 Personen
ZUBEREITUNG 1 Std. 10 Min.

9 Zwiebeln (900 g)
3 EL Olivenöl
1 TL gemahlener Kümmel
1 Msp. Cayennepfeffer
1 EL Butter
250 ml trockener Weißwein
1,3 l Gemüsebrühe (s. S. 183)
Salz
2 Lorbeerblätter
40 g Parmesan
2–3 Zweige Majoran
schwarzer Pfeffer

FÜR DEN TOAST
4 Scheiben Toastbrot
3–4 TL Crème fraîche
8 Scheiben Raclettekäse (150 g)

1. Die Zwiebeln schälen, halbieren und in feine Streifen schneiden. Das Olivenöl in einem großen Topf (28 cm ø) erhitzen. Die Zwiebeln darin unter Rühren in etwa 7 Min. glasig dünsten. Kümmel und Cayennepfeffer einstreuen und 2 Min. mitdünsten. Die Butter in Flöckchen zugeben und 1 Min. weitergaren. Mit Weißwein ablöschen und etwa 1 Min. einkochen lassen. Die Gemüsebrühe zugießen und aufkochen lassen. Leicht salzen und die Lorbeerblätter zugeben.

2. Die Suppe offen bei schwacher Hitze etwa 30 Min. köcheln lassen, bis die Zwiebeln weich sind. Dabei regelmäßig umrühren.

3. Den Parmesan fein reiben. Den Majoran waschen, trocken schütteln, abzupfen und fein hacken. Parmesan und Majoran in die fertige Suppe rühren. Nach Geschmack nochmals mit Salz, Pfeffer und Cayennepfeffer abschmecken.

4. Für den Toast den Backofen auf Grillfunktion vorheizen. Die Brotscheiben auf das Ofengitter legen und im Backofen (Mitte) von beiden Seiten goldbraun toasten. Herausnehmen und mit Crème fraîche bestreichen. Den Raclettekäse entrinden und je 2 Scheiben auf die Toasts legen. Die Brote im Ofen (Mitte) etwa 2 Min. grillen, bis der Käse gerade geschmolzen ist. Dabei ein Backblech als Tropfschutz darunterschieben.

5. Die Zwiebelsuppe in vorgewärmte Schälchen füllen und mit dem gegrillten Käsetoast belegen. Nochmals mit Pfeffer übermahlen und servieren.

DIE ZWIEBEL, *ein Tausendsassa in der Küche und schätzungsweise in jedem zweiten deutschen Gericht vorkommend, kam in Paris zu ihrem Suppenruhm. Ursprünglich wurde sie in den Markthallen als ebenso preiswerte wie nahrhafte Lösung für all die Arbeiter und Händler ersonnen, die nach ihrer Nachtarbeit etwas Warmes im Magen haben wollten. Irgendwann wurde die Zwiebelsuppe von Pariser Nachtschwärmern als Katerfrühstück und von französischen Bistros als willkommenes Standardgericht entdeckt.*

KÜRBISCREMESUPPE

MIT KARAMELLISIERTEN ZIMTÄPFELN

Für 4 Personen
ZUBEREITUNG 45 Min.

800 g Muskatkürbis (600 g Fruchtfleisch)
1 Zwiebel (100 g)
2 dünne Scheiben frischer Ingwer
2 EL Olivenöl
1 kleine Zimtstange
1 Nelke
700 ml Gemüsebrühe (s. S. 183)
200 g Sahne
Salz | schwarzer Pfeffer
Cayennepfeffer

FÜR DIE DEKORATION
4 EL Kürbiskerne
½ Apfel (120 g, z.B. Boskop)
1 EL Zucker
1 EL Butter
1 Prise gemahlener Zimt
4 TL Kürbiskernöl

1. Den Kürbis schälen, die Kerne herausschaben und das Fruchtfleisch in 1 cm große Würfel schneiden. Die Zwiebel schälen und fein würfeln. Die Ingwerscheiben vorsichtig schälen.

2. Das Olivenöl in einem Topf (20 cm ø) erhitzen. Die Zwiebel darin unter Rühren in etwa 2 Min. glasig dünsten. Kürbiswürfel, Ingwer, Zimtstange und Nelke zugeben und bei mittlerer Hitze 2 Min. anbraten. Mit Gemüsebrühe ablöschen. Aufkochen und offen bei mittlerer Hitze 10 Min. kochen lassen. Dann bei schwacher Hitze noch 10 Min. weiterköcheln lassen.

3. Ingwer, Zimtstange und Nelke entfernen und die Suppe mit dem Pürierstab fein mixen. Die Sahne zugießen, aufkochen und 2–3 Min. sämig einkochen lassen. Mit Salz, Pfeffer und Cayennepfeffer pikant abschmecken.

4. Für die Dekoration die Kürbiskerne in ein kaltes Pfännchen streuen. Langsam erhitzen und etwa 5 Min. rösten, bis die Kerne aufplatzen und knistern. Den Apfel schälen und das Kerngehäuse entfernen. Das Fruchtfleisch in kleine Würfel schneiden. Den Zucker in einem Pfännchen hellbraun karamellisieren lassen. Die Apfelwürfel etwa 1 Min. darin schwenken. Butter und Zimt zugeben und 1 Min. unter Rühren weiterbraten.

5. Die Suppe kurz vor dem Servieren nochmals mit dem Pürierstab schaumig aufmixen. Portionsweise anrichten und mit den Apfelwürfeln und Kürbiskernen bestreuen. Mit Kürbiskernöl beträufeln.

EINEM MENSCHEN, *der sich pudelwohl fühlte, attestierte man im antiken Griechenland: »Er ist noch gesünder als ein Kürbis.« Amerikanern ist der Kürbis hingegen Symbol für einen begriffsstutzigen Menschen, und bei Goethe kommt er auch nicht gut weg: »Wer glaubst du denn zu sein, dass du mich schelten willst, du Kürbis?« Bei Tische kann die seit 8000 Jahren in Mexiko gezüchtete Beerenfrucht vom ersten bis zum letzten Gang eines Menüs passen, weil der weiße, gelbe oder orangefarbene Kürbis kein ausgeprägtes Aroma hat und sich pikant und sanft zubereiten, süß und sauer anmachen und beliebig würzen lässt. Aber musste ihn das alte China deswegen gleich vollmundig zum »Kaiser des Gartens« krönen?*

FESTTAGSSUPPE

MIT MARKKLÖSSCHEN, LEBERNOCKEN UND KRÄUTERPFANNKUCHEN

Für 4 Personen
ZUBEREITUNG 2 Std.

FÜR KLÖSSCHEN UND NOCKEN

1 großer Markknochen (50 g Mark)
4 Scheiben Toastbrot
6 Stängel glatte Petersilie
2 Eier (Größe M)
Salz | schwarzer Pfeffer
frisch geriebene Muskatnuss
1 Zwiebel (100 g)
2 Zweige Majoran
3 EL weiche Butter
abgeriebene Schale von ½ Bio-Zitrone
250 g durchgelassene Rinderleber
100 g Semmelbrösel

FÜR DIE KRÄUTERPFANNKUCHEN

30 g Mehl
50 ml Milch
1 Ei (Größe M)
1 Stängel glatte Petersilie
5–6 Schnittlauchhalme
1 TL Butter

FÜR DIE SUPPE

1 l Tafelspitzbrühe (s. S. 182)
1 Bund Schnittlauch

1. Für die Klößchen das Mark aus dem Knochen drücken und 20 Min. in kaltes Wasser legen. Das Wasser dabei mehrmals wechseln. Das Mark zerbröseln und bei schwacher Hitze in etwa 5 Min. flüssig werden lassen. Durch ein feines Sieb gießen und 5–10 Min. tiefkühlen, bis das Mark weiß ist. Toast entrinden und fein reiben. Petersilie waschen, trocken schütteln und fein hacken.

2. Das Mark mit dem Handrührgerät aufschlagen. 1 Ei und die Toastbrösel einrühren. Mit Salz, Pfeffer und Muskat würzen. Die Hälfte der Petersilie unterheben und 20 Min. quellen lassen. Aus der Masse mit angefeuchteten Händen etwa 20 Klößchen formen, 30 Min. kühlen. Die Klößchen in kochendem Salzwasser 1 Min. kochen, bis sie an die Oberfläche steigen. Dann bei schwacher Hitze 20 Min. ziehen lassen. Herausheben.

3. Inzwischen für die Nocken Zwiebel schälen und fein würfeln. Majoran waschen, trocken schütteln und fein hacken. Die Butter in einer Pfanne erhitzen und die Zwiebel darin 2 Min. glasig dünsten. Majoran, restliche Petersilie und Zitronenschale zugeben, abkühlen lassen. Leber, 1 Ei, Zwiebelmischung und Semmelbrösel einrühren. Mit Salz, Pfeffer und Muskat würzen und 10 Min. quellen lassen.

4. In einem großen Topf reichlich Salzwasser aufkochen. Von der Lebermasse mit zwei Esslöffeln nacheinander etwa 16 Nocken abstechen und ins Wasser gleiten lassen. Aufkochen, bis die Nocken an der Oberfläche schwimmen. Dann bei schwacher Hitze 20 Min. ziehen lassen. Herausheben.

5. Für die Pfannkuchen Mehl, Milch und Ei verrühren. Mit Salz, Pfeffer und Muskat würzen. Petersilie und Schnittlauch waschen, trocken schütteln, abzupfen und fein schneiden. In den Teig rühren und 10 Min. quellen lassen.

6. Die Butter in einer großen Pfanne (28 cm ø) erhitzen. Den Teig gleichmäßig darin verteilen und 1 Min. braten. Wenden und 1 Min. weiterbraten. Pfannkuchen herausheben und auskühlen lassen. Längs vierteln, aufeinanderlegen und in feine Streifen schneiden.

7. Die Brühe erhitzen. Schnittlauch waschen, trocken schütteln und fein schneiden. Markklößchen, Lebernocken und Pfannkuchen in eine vorgewärmte Suppenterrine geben. Mit heißer Brühe übergießen und mit Schnittlauch bestreuen.

FRÄNKISCHE KNOBLAUCHSUPPE

MIT BRATWURSTNOCKEN UND LAUCH

Für 4 Personen
ZUBEREITUNG 30 Min.

2 ½ EL Butter
1 EL Mehl
200 ml kalte Milch
500 ml Rinderbrühe (s. S. 182)
200 g Sahne
1 Msp. Gemüsebrühpulver
Salz | schwarzer Pfeffer
Cayennepfeffer
frisch geriebene Muskatnuss
3 Knoblauchzehen
80 g Lauchgrün

FÜR DIE BRATWURSTNOCKEN
1 Paar grobe Bratwürste (250 g, z.B. Fränkische Bratwürste)
2 Stängel glatte Petersilie
1 EL Semmelbrösel
1 EL Pflanzenöl

1. In einem Topf (20 cm ø) 1 EL Butter erhitzen und das Mehl einstreuen. Die Milch nach und nach zugießen und mit einem Schneebesen verrühren. Die Rinderbrühe zugießen und unter Rühren langsam aufkochen lassen. Die Sahne zugießen und wieder aufkochen lassen. Die Suppe offen bei schwacher Hitze etwa 20 Min. köcheln lassen. Mit Brühpulver, Salz, Pfeffer, Cayennepfeffer und Muskatnuss abschmecken.

2. In der Zwischenzeit den Knoblauch schälen und in dünne Scheiben schneiden. 1 TL Butter in einem Pfännchen erhitzen und den Knoblauch darin bei schwacher Hitze 1 Min. leicht bräunen. Mit dem Bratfett zur Suppe geben und diese mit dem Pürierstab schaumig aufmixen.

3. Für die Bratwurstnocken das Brät aus den Würsten in eine kleine Schüssel drücken. Die Petersilie waschen, trocken schütteln, abzupfen und fein hacken. Mit den Semmelbröseln unter das Wurstbrät kneten. Das Öl in einer Pfanne erhitzen. Von der Brätmasse mit einem Teelöffel 24 kleine Nocken abstechen und mit dem Zeigefinger vorsichtig in die Pfanne schieben. Die Nocken etwa 3 Min. braten, wenden und in weiteren 4 Min. rundum goldbraun braten. Dabei regelmäßig wenden.

4. Den Lauch gründlich waschen, trocken schütteln und längs halbieren. Die Hälften schräg in feine Streifen schneiden. 1 EL Butter in einem Pfännchen erhitzen. Den Lauch einstreuen, leicht salzen und etwa 4 Min. unter Rühren braten.

5. Die Suppe vor dem Servieren nochmals aufkochen lassen und schaumig aufmixen. Mit den Bratwurstnocken und Lauchstreifen in vorgewärmten tiefen Tellern oder Schalen anrichten. Mit dunklem Bauernbrot oder knusprigen Brötchen servieren.

SELBST DER *größte Geheimniskrämer kann nicht für sich behalten, dass er Knoblauch gegessen hat. Denn die schwefelhaltigen Aromastoffe entweichen schon nach mäßigem Genuss von den Schleimhäuten und aus der Haut. Besonders empfindlich schienen darauf die alten Perser reagiert zu haben, denn die trockneten den Knoblauch bis zur Geruchlosigkeit und kauten ihn dann – weil er auch ihrem Magen, Darm und Blut sowie der Galle guttat – nach Beimengung einer Mandelmasse von schwerer orientalischer Süße.*

SPARGELCREMESUPPE

MIT GERÖSTETEM VOLLKORNBROT

Für 4 Personen
ZUBEREITUNG 40 Min.

500 g weißer Spargel (Suppenspargel oder 2er-Qualität)
4 EL kalte Butter
2 Prisen Zucker
1 Spritzer Zitronensaft
1 EL Mehl
600 ml Gemüsebrühe (s. S. 183)
Salz | schwarzer Pfeffer
250 g Sahne
½ Bund Schnittlauch

FÜR DIE CROÛTONS
2 Scheiben Vollkornbrot (ca. 120 g)
1 EL Butter
2 Prisen getrockneter Estragon

1. Den Spargel waschen, schälen und holzige Enden abschneiden. Die Spargelspitzen abschneiden und längs halbieren. Die restlichen Stangen in etwa 1 cm dicke Scheiben schneiden. Etwa 50 g Spargelstücke und die Spargelspitzen beiseitestellen.

2. In einem Topf (20 cm ø) 2 EL Butter erhitzen. Die Spargelscheiben darin etwa 1 Min. andünsten. Mit Zucker bestreuen und 1 Min. karamellisieren lassen. Den Zitronensaft zugeben. Den Spargel mit Mehl bestäuben und kurz durchrühren. Mit Gemüsebrühe ablöschen. Aufkochen und offen bei schwacher Hitze etwa 20 Min. köcheln lassen. Die restliche Butter in kleine Würfel schneiden und wieder kalt stellen.

3. Die Suppe mit Salz und Pfeffer würzen und mit dem Pürierstab fein mixen. Aufkochen lassen und die Sahne einrühren. Wieder aufkochen. Dabei die Butterwürfel nach und nach mit dem Pürierstab einmixen. Die restlichen Spargelstücke und -spitzen in die Suppe geben, nochmals aufkochen lassen und 5 Min. bei schwacher Hitze ziehen lassen.

4. Für die Croûtons das Vollkornbrot in kleine Würfel schneiden. Die Butter in einer Pfanne erhitzen und die Brotwürfel darin in 5–6 Min. kross braten. Die Brotwürfel leicht salzen, pfeffern und mit Estragon würzen.

5. Den Schnittlauch waschen, trocken schütteln und in feine Röllchen schneiden. Die Spargelsuppe in vorgewärmten Tellern, Schalen oder großen Tassen anrichten. Mit Brotwürfeln und Schnittlauch bestreuen und servieren.

SPARGELKÖPFE *kommen häufiger in bildhaften Vergleichen als in noch so guten Spargelsuppen vor. Der 1,95 Meter große Charles de Gaulle, der als General und Staatschef fast alle seine französischen Landsleute überragte, nahm die Nachteile gelassen: »Es hat mich nie gestört, dass man mich manchmal mit einem Spargel verglichen hat, denn am Spargel ist der Kopf das Wichtigste.« Und überall in der Welt muss jeder, der nach Höherem strebt, das geflügelte Politikerwort beachten: »Wer seinen Kopf zu früh rausstreckt, dem geht es wie dem Spargel im Mai.«*

ITALIENISCHE MINESTRONE

MIT BOHNEN UND MUSCHELNUDELN

Für 4 Personen
ZUBEREITUNG 45 Min.

100 g breite grüne Bohnen
1 Möhre (100 g)
2 Stangen Staudensellerie (120 g)
½ Fenchelknolle (150 g)
1 weißes Stück Lauch (80 g)
200 g Blumenkohl
2 Tomaten (200 g)
3 EL Olivenöl
Salz | schwarzer Pfeffer
1 EL Tomatenmark
1 l Gemüsebrühe (s. S. 183)
½ Knoblauchzehe
50 g kleine Suppennudeln
(z.B. Muschelnudeln)
100 g kleine weiße Bohnen
(aus Glas oder Dose)
1 Stück Parmesanrinde (20 g)
1 Prise getrocknete Chiliflocken
4 TL Pesto (s. S. 187)
Olivenöl zum Beträufeln

1. Bohnen, Möhre, Sellerie, Fenchel, Lauch und Blumenkohl waschen. Die Bohnenenden abknipsen und die Bohnen in 1,5 cm breite Stücke schneiden. Die Möhre schälen, von den Selleriestangen harte Fäden abziehen. Den Fenchelstrunk herausschneiden, den Lauch längs halbieren. Möhre, Sellerie, Fenchel und Lauch in 1–1,5 cm große Stücke bzw. Scheiben schneiden. Den Blumenkohl in kleine Röschen teilen, den Strunk klein würfeln.

2. Die Tomaten waschen und vierteln, dabei den Stielansatz entfernen. Die Kernmasse herausnehmen und klein schneiden. Das Fruchtfleisch klein würfeln und beiseitestellen.

3. Das Öl in einem Topf (24 cm ø) erhitzen. Blumenkohl, Möhre und Fenchel darin etwa 7 Min. anbraten. Lauch und Sellerie 1 Min. mitbraten. Mit Salz und Pfeffer würzen. Das Tomatenmark zugeben und unter Rühren 2 Min. mitrösten. Mit Gemüsebrühe ablöschen, die Tomatenkerne zufügen und aufkochen lassen. Knoblauch schälen, in die Suppe geben und diese offen bei mittlerer Hitze etwa 15 Min. köcheln lassen.

4. Inzwischen die grünen Bohnen in kochendem Salzwasser in 5 Min. bissfest garen. In ein Sieb abgießen, eiskalt abschrecken und gut abtropfen lassen. Die Nudeln nach Packungsanleitung bissfest garen. Abgießen und abtropfen lassen, nicht abschrecken. Die weißen Bohnen in ein Sieb gießen, kalt abspülen und abtropfen lassen.

5. Beide Bohnensorten, die Tomaten und die Parmesanrinde zur Suppe geben und bei schwacher Hitze noch 6–8 Min. ziehen lassen. Kurz vor dem Servieren die Nudeln einrühren. Die Minestrone nochmals mit Salz, Pfeffer und Chiliflocken abschmecken und in vorgewärmten Tellern anrichten. Je 1 TL Pesto in die Mitte setzen und mit etwas Olivenöl beträufeln.

IN DER MINESTRONE *vermählen die Italiener die Gemüsesuppe und den Eintopf – und wie in der Ehe dominiert mal sie, mal er. Jede Region hat ihr Rezept: Die Mailänder geben noch Reis dazu, andere Gegenden lieber Pasta, in Ligurien muss Pesto dran sein, und fast überall wird Käse darübergerieben. Oberstes Gebot ist im ganzen Lande die Frische der verwendeten Produkte. Dann schmeckt die Minestrone den Italienern heiß, lauwarm oder kalt – und sogar aufgewärmt.*

UNGARISCHE GULASCHSUPPE

MIT GEWÜRZBUTTER

Für 4 Personen
ZUBEREITUNG 1 Std. 10 Min.

400 g Rindfleisch (Wade oder Schulter)
2 große Zwiebeln (250 g)
1 gelbe Paprikaschote (200 g)
1 rote Paprikaschote (200 g)
3 EL Olivenöl
Salz | schwarzer Pfeffer
1 EL Tomatenmark
1 EL edelsüßes Paprikapulver
1 EL rosenscharfes Paprikapulver
250 ml kräftiger Rotwein
1 EL Mehl
1 Dose gehackte Tomaten (400 g)
750 ml Gemüsebrühe (s. S. 183)
300 g mehlig kochende Kartoffeln
2 Prisen Cayennepfeffer

FÜR DIE GEWÜRZBUTTER

1 kleines Stück Bio-Zitronenschale
1 Knoblauchzehe
2–3 Zweige Majoran
½ TL Kümmelsamen
1 TL Butter

1. Das Fleisch in etwa 1 cm große Würfel schneiden. Die Zwiebeln schälen. Die Paprikaschoten waschen, halbieren, entkernen und weiße Samenwände entfernen. Beides 1 cm groß würfeln.

2. Das Olivenöl in einem Topf (24 cm ø) erhitzen. Das Fleisch hineinlegen, mit Salz und Pfeffer würzen und unter Rühren 8–9 Min. anbraten. Eventuell austretendes Wasser vollständig einkochen lassen. Die Zwiebeln zugeben und 2 Min. mitbraten. Das Tomatenmark 2 Min. mitrösten. Beide Paprikapulver einrühren und 1 Min. weiterrösten. Mit einem Schuss Rotwein ablöschen und vollständig einkochen lassen. Mit Mehl bestäuben, durchrühren und den restlichen Rotwein zugießen. Wieder einkochen lassen. Tomaten und Gemüsebrühe zugießen und aufkochen lassen. Die Suppe abgedeckt bei schwacher Hitze etwa 40 Min. köcheln lassen.

3. Die Kartoffeln waschen, schälen und in 1 cm große Würfel schneiden. Mit den Paprikawürfeln in die Suppe rühren und alles 50 Min. weitergaren.

4. In der Zwischenzeit für die Gewürzbutter die Zitronenschale klein schneiden. Den Knoblauch schälen und ebenfalls klein schneiden. Den Majoran waschen, trocken tupfen und abzupfen. Zitrone, Knoblauch, Majoran, Kümmel und Butter auf einem Schneidebrett mischen und mit dem Messer möglichst fein hacken.

5. Die Gulaschsuppe kurz vor dem Servieren mit Salz, Pfeffer und Cayennepfeffer pikant abschmecken. Die Gewürzbutter einrühren und mit frischem Bauernbrot oder Baguette servieren.

LEICHTLEBIGE *Nachtschwärmer und schwerarbeitende Frühaufsteher begegnen sich bisweilen mit wechselseitigem Erstaunen – beispielsweise bei Gulaschsuppe am berühmten Wiener Naschmarkt oder an deutschen Imbissbuden. Sie erinnert daran, dass jahrhundertelang der Arbeitsalltag mit einer Suppe begann, ehe Kaffee und Tee in Mode kamen. Seither sank unser Suppenkonsum kräftig: Der Durchschnittsdeutsche isst 100 Teller pro Jahr. Übrigens: Wer in Ungarn Gulasch (gulyás) bestellt, bekommt Gulaschsuppe, wer unser Gulasch will, verlange pörkölt.*

PICHELSTEINER

AUS DEM TONTOPF

Für 4 Personen
ZUBEREITUNG 30 Min.
BACKEN 1 Std. 50 Min.

300 g durchwachsenes Rindfleisch (z.B. Hochrippe)
300 g durchwachsenes Schweinefleisch (z.B. Schweinenacken)
600 g Weißkraut
2 Möhren (200 g)
200 g Knollensellerie
1 Petersilienwurzel (100 g)
400 g mehligkochende Kartoffeln
80 g Lauchgrün
2 EL Pflanzenöl
Salz | schwarzer Pfeffer
1 TL Kümmelsamen
1,5 l heiße Rinderbrühe (s. S. 182)
2 Zweige Thymian
2–3 Stängel glatte Petersilie
2 Lorbeerblätter
5 Wacholderbeeren

AUSSERDEM

großer Tontopf, z.B. Römertopf (für 6 Personen)

1. Den Tontopf nach Gebrauchsanweisung etwa 10 Min. in kaltes Wasser stellen. Inzwischen das Fleisch in etwa 2 cm große Würfel schneiden. Weißkraut, Möhren, Sellerie, Petersilienwurzel, Kartoffeln und Lauch waschen und putzen. Das Kraut halbieren und den Strunk herausschneiden. Möhren, Sellerie, Petersilienwurzel und Kartoffeln schälen. Alles in etwa 2 cm große Stücke schneiden. Den Lauch beiseitestellen.

2. Das Pflanzenöl in einer großen Pfanne erhitzen. Das Fleisch mit Salz und Pfeffer würzen, in die Pfanne geben und rundum etwa 4 Min. scharf anbraten. Den Tontopf aus dem Wasser heben und mit einem Tuch ausreiben.

3. Das Fleisch im Tontopf verteilen und mit Kümmel bestreuen. Möhren, Sellerie, Petersilienwurzel und Kraut in den Topf schichten. Mit den Kartoffeln abschließen, die Rinderbrühe zugießen. Den Deckel auflegen und den Tontopf in den kalten Backofen (unten) stellen. Den Ofen auf 180° (Umluft, Ober-/Unterhitze 200°) aufheizen und den Eintopf 1 Std. 30 Min. garen.

4. Thymian und Petersilie waschen und trocken schütteln. Den Deckel abheben. Lauch, Lorbeerblätter, Wacholder und Thymian hineinlegen und nach unten drücken, sodass Lauch und Gewürze mit Brühe bedeckt sind. Den Deckel wieder auflegen und den Eintopf im Ofen 20 Min. weitergaren.

5. Die Petersilie abzupfen und grob hacken. Den Tontopf aus dem Ofen nehmen und den Deckel abheben. Den Eintopf mit Salz und Pfeffer abschmecken, vorsichtig umrühren und mit Petersilie bestreuen. Der Pichelsteiner in tiefen Tellern anrichten und mit frischem Schnittlauchbrot servieren.

DIESER EINTOPF, *den die Stadt Regen im Bayerischen Wald alljährlich Ende Juli als ihre Errungenschaft feiert, wurde auch durch Ludwig Erhard, den Schöpfer des Wirtschaftswunders und späteren Bundeskanzler, bundesweit bekannt. Gefragt, was er denn am liebsten esse, wagte es der Gourmet Erhard nicht, sich öffentlich zu Gänseleberpastete, Hummer und Trüffel zu bekennen. Um volkstümlich zu wirken, sagte er: Pichelsteiner Eintopf. Darunter litt er bis an sein politisches Ende, denn wo er hinkam, servierte man ihm sein ungeliebtes »Lieblingsgericht«.*

FEINER BERGLINSENEINTOPF

MIT GEMÜSE UND WÜRSTEL

Für 4 Personen
ZUBEREITUNG 50 Min.

3 kleine Möhren (150 g)
150 g Knollensellerie
50 g Lauchgrün
3 Schalotten (60 g)
4 EL kalte Butter
200 g Berglinsen (aus Bioladen oder Reformhaus)
1 TL Tomatenmark
4 EL Aceto balsamico
1,2 l Rinderbrühe (s. S. 182)
50 g geräucherter Bauchspeck
2–3 Zweige frischer Thymian
1 Stängel glatte Petersilie
4 Wiener Würstchen
Salz | schwarzer Pfeffer

1. Möhren, Sellerie und Lauch waschen und putzen. Möhren, Sellerie und Schalotten schälen und in 5 mm große Würfel schneiden. Den Lauch ebenfalls fein schneiden.

2. 2 EL Butter in einem Topf (24 cm ø) erhitzen und die Schalotten darin 1 Min. glasig dünsten. Die Linsen einstreuen und 1 Min. mitgaren. Das Tomatenmark 1 Min mitrösten. Mit 2 EL Aceto balsamico ablöschen und einkochen lassen. Die Rinderbrühe zugießen und in etwa 5 Min. aufkochen lassen. Den Speck einlegen und die Suppe offen bei mittlerer Hitze etwa 20 Min. köcheln lassen, bis die Linsen bissfest sind.

3. Thymian und Petersilie waschen und trocken schütteln. Die Petersilie abzupfen und grob hacken. Thymianzweige, Möhren- und Selleriewürfel zur Suppe geben. Noch etwa 10 Min. köcheln lassen. Dabei gelegentlich umrühren.

4. Die Würstchen in Scheiben schneiden. Mit dem Lauch 2 Min. in der Suppe erwärmen. Die restliche Butter in kleine Würfel schneiden und einrühren. Den Eintopf mit Salz, Pfeffer und dem restlichen Essig abschmecken, die Petersilie zugeben.

5. Den Speck herausnehmen, in kleine Würfel schneiden und wieder in den Eintopf geben. Den Linseneintopf in vorgewärmten tiefen Tellern, Schalen oder Tassen anrichten. Mit Bauernbrot oder frischem Baguette servieren.

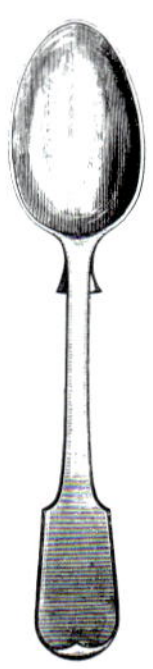

DIE SCHWABEN *empfinden ihre Linsen mit Spätzle und Saitenwürstle genauso als alltäglich wie die Hindus ihr Linsencurry. In vielen Ländern aber haben Linsen zu Neujahr eine besondere Bedeutung – für Abergläubische. Tschechen und Brasilianer löffeln als erste Mahlzeit im neuen Jahr ebenso Linsen wie die Italiener, die dazu Zampone oder Cotechino essen. Denn die Linsen sollen das nötige Kleingeld garantieren. In manchen Tessiner Städten werden nach dem Silvesterfeuerwerk traditionell Linsen ausgeteilt, weil die im neuen Jahr Glück bringen …*

STECKRÜBENEINTOPF

MIT GRAUPEN UND WIRSING

Für 4 Personen
ZUBEREITUNG 1 Std.

3 kleine Möhren (150 g)
500 g Steckrüben
250 g Wirsing
1 Zwiebel (100 g)
3 EL Butter
2 Prisen Zucker
2 EL Apfelessig
1,3 l Gemüsebrühe (s. S. 183)
80 g Graupen aus Gerste
Salz
2–3 Stängel glatte Petersilie
80 g geräucherter Bauchspeck ohne Schwarte
1 EL Pflanzenöl
schwarzer Pfeffer
frisch geriebene Muskatnuss

1. Möhren, Steckrüben und Wirsing waschen. Möhren, Steckrüben und Zwiebel schälen. Die Möhren in 5 mm dicke Scheiben, Steckrüben und Zwiebel in etwa 1 cm große Würfel schneiden. Den Wirsingstrunk herausschneiden und die Blätter in 2 cm große Stücke teilen.

2. In einem Topf (24 cm ø) 2 EL Butter erhitzen und die Zwiebel darin 2 Min. glasig dünsten. Die Möhren 1 Min. mitbraten. Mit Zucker bestreuen und unter Rühren 1 Min. hell karamellisieren lassen. Die Steckrüben 2 Min. mitbraten. Mit Apfelessig und Gemüsebrühe ablöschen. Die Suppe aufkochen lassen. Den Wirsing zugeben und offen bei schwacher Hitze etwa 40 Min. köcheln lassen.

3. Inzwischen die Graupen in kochendem Salzwasser in 26–28 Min. oder nach Packungsanweisung weich garen. In ein Sieb abgießen und eiskalt abschrecken. Die Petersilie waschen, trocken schütteln, abzupfen und grob hacken.

4. Den Speck in feine Würfel schneiden. Mit dem Öl in eine kalte Pfanne geben. Erhitzen und bei schwacher Temperatur in etwa 5 Min. kross braten. Die Speckwürfel aus der Pfanne nehmen und auf Küchenpapier abtropfen lassen.

5. Die Pfanne mit Küchenpapier ausreiben. Die restliche Butter darin schmelzen und bei schwacher Hitze 1 Min. durchschwenken.

6. Die Graupen in die Suppe rühren und kurz darin erwärmen. Den Eintopf mit Salz, Pfeffer und Muskatnuss abschmecken. Die flüssige Butter und die Petersilie einrühren und den Eintopf in vorgewärmten Tellern servieren.

STECKRÜBEN *halfen noch unseren Großeltern, den Krieg zu überleben. Im Ersten Weltkrieg bekamen die schlimmsten Hungerwinter den Beinamen »Steckrübenwinter«. Zu den damaligen Eintöpfen und anderen Notgerichten empfahlen die regierenden Politiker geröstetes Vollkornbrot als Fleischersatz. Der Galgenhumor nannte die herbsüße Rübe »Arbeiterananas«. Heute wird die per Züchtung verfeinerte Rübe gemäß dem gesellschaftspolitischen Motto »Back to the roots« (zurück zu den Wurzeln) auch in der gehobenen Küche als Gemüse verwendet.*

CHILI CON CARNE

MIT KAKAO UND MAISGRIESS

Für 4 Personen
ZUBEREITUNG 2 Std. 45 Min.

2 Zwiebeln (200 g)
1 große Knoblauchzehe
½ gelbe Paprikaschote (100 g)
½ rote Paprikaschote (100 g)
2–3 kleine rote Chilischoten
4 EL Olivenöl
700 g Rinderhackfleisch
Salz | schwarzer Pfeffer
2 EL Tomatenmark
2 Dosen gehackte Tomaten (à 400 g)
1 EL Maisgrieß
½ TL Rinderbrühpulver
2 Dosen Mais (à 140 g Abtropfgewicht)
2 Dosen Kidneybohnen
(à 125 g Abtropfgewicht)
3 Msp. Kakaopulver
1 EL Apfelessig
2 Prisen brauner Zucker
4 EL saure Sahne
Olivenöl zum Beträufeln

1. Zwiebeln und Knoblauch schälen, halbieren und in feine Würfel schneiden. Die Paprika entkernen und weiße Samenwände entfernen. Die Hälften waschen und in kleine Würfel schneiden. Die Chilischoten waschen, halbieren und entkernen (für mehr Schärfe die Kerne belassen). Die Hälften klein schneiden.

2. Das Olivenöl in einem Topf (24 cm ø) erhitzen. Das Hackfleisch darin etwa 10 Min. scharf anbraten, bis das Fleisch bräunt. Mit Salz und Pfeffer würzen. Die Zwiebeln 2 Min. mitbraten. Das Tomatenmark 3 Min. mitrösten. Knoblauch, Chili und Tomaten einrühren. Die Dosen mit 800 ml Wasser ausschwenken und dieses ebenfalls zum Chili gießen. Maisgrieß und Brühpulver einrühren und alles in 4 Min. aufkochen lassen.

3. Das Chili abgedeckt bei schwacher Hitze etwa 1 Std. 30 Min. köcheln lassen. Dabei gelegentlich umrühren. Den Deckel abnehmen, die Paprikawürfel einrühren und das Chili offen noch 30 Min. köcheln lassen.

4. Mais und Bohnen in ein Sieb gießen, kalt abspülen und abtropfen lassen. Beides zum Chili geben und 10 Min. darin ziehen lassen. Das Chili mit Salz, Pfeffer, Kakao, Essig und Zucker abschmecken.

5. Die saure Sahne in einer kleinen Schüssel glatt rühren, mit Salz und Pfeffer würzen. Den Eintopf in vorgewärmten tiefen Tellern, Schalen oder Tassen anrichten. Einen Klecks saure Sahne daraufsetzen und mit ein paar Tropfen Olivenöl beträufeln. Dazu schmeckt frisches Baguette oder Bauernbrot.

DER TYPISCH *texanische Eintopf hat eine abenteuerliche Entstehungsgeschichte: Cowboys bekamen einst als Proviant für ihre tagelangen Vieh-Trecks getrocknetes Rindfleisch, das mit Fett und Chilischoten zu Brocken gepresst war. Die sahen wie Ziegelsteine aus, wurden abends eingeweicht und überm Lagerfeuer gegart. Aus diesem gewöhnungsbedürftigen Sattmacher, bei dem die feurigen Schoten das Alter des Fleischs übertönen sollten, entstand das Paradegericht der modischen Tex-Mex-Küche, dem dann noch rote Bohnen zugefügt wurden.*

LASAGNE

MIT HACKFLEISCH UND GEBRATENEM ZUCCHINO

Für 4 Personen
ZUBEREITUNG 1 Std. 45 Min.
BACKEN 1 Std.

120 g Knollensellerie
1 Möhre | 1 Zwiebel
1 große Knoblauchzehe
2 EL Olivenöl
400 g gemischtes Hackfleisch (Rind und Schwein)
Salz | schwarzer Pfeffer
2 EL Tomatenmark
1 Dose gehackte Tomaten (400 g)
2 Prisen getrocknete Chiliflocken
2 Zweige Oregano
3 ½ EL Butter | 1 EL Mehl
500 ml Milch
frisch geriebene Muskatnuss
200 g geriebener Emmentaler
50 g frisch geriebener Parmesan
100 g Sahne
12 Lasagneblätter (ohne Vorkochen)

FÜR DIE ZUCCHINI

1 großer Zucchino (300 g)
1–2 Zweige Thymian
2 EL Olivenöl | Meersalz

AUSSERDEM

rechteckige Auflaufform (18 x 30 cm)

1. Für die Fleischsauce Sellerie, Möhre, Zwiebel und Knoblauch schälen und fein würfeln. Öl in einem Topf (24 cm ø) erhitzen und das Hackfleisch darin etwa 6 Min. scharf anbraten, salzen und pfeffern. Gemüse und Zwiebel 4 Min. mitbraten. Tomatenmark 2 Min. mitrösten. Knoblauch und Tomaten zugeben. Die Dose mit 400 ml Wasser ausschwenken und zugießen. Aufkochen, mit Chili würzen und offen bei schwacher Hitze 1 Std. köcheln lassen. Oregano waschen, trocken schütteln, abzupfen und grob schneiden. Die Sauce mit Oregano, Salz und Pfeffer abschmecken.

2. Für die Béchamelsauce 1 1/2 EL Butter in einem Topf (20 cm ø) erhitzen. Mehl einstreuen, Milch nach und nach mit dem Schneebesen einrühren. Aufkochen und bei schwacher Hitze 15 Min. köcheln lassen. Dabei gelegentlich umrühren. Mit Salz, Pfeffer und Muskat abschmecken.

3. Zucchino waschen, halbieren und längs in 5 mm dicke Scheiben schneiden. Thymian waschen, trocken schütteln und abzupfen. 1 EL Öl in einer Pfanne erhitzen und die Zucchini darin 1 Min. braten. Wenden, mit Meersalz und Thymian würzen und herausnehmen. Die restlichen Scheiben ebenso braten.

4. Backofen auf 160° (Umluft, Ober-/Unterhitze 180°) vorheizen. Die Form mit 1 EL Butter fetten. Beide Käse und Sahne mischen. Etwas Käsemasse in der Form verteilen und 3 Nudelplatten einlegen. Darauf abwechselnd etwas Béchamel, 1/3 Hackfleischsauce, etwas Käsemasse und 3 Nudelplatten schichten. Vor der letzten Nudelschicht die Zucchini auflegen. Mit Béchamel und Käsemasse abschließen. 1 EL Butter in Flocken darauf verteilen.

5. Die Lasagne mit Alufolie abdecken und im Backofen (Mitte) 40 Min. garen. Folie entfernen, den Ofen auf 180° (Umluft, Ober-/Unterhitze 200°) schalten und die Lasagne in etwa 20 Min. goldbraun überbacken. Vor dem Servieren kurz ruhen lassen.

DIE LASAGNE *ist typisch für die sinnenfrohe Küche in und um Bologna, die Metropole der Emilia-Romagna: Zwischen breite Nudelplatten lässt sich vieles reichlich schichten. Deshalb gilt die Lasagne als Pasta-Markenzeichen für Bologna, das in Italien den Beinamen »La dotta e ghiotta« (die Gelehrte und Gefräßige) hat. Und allen, die lieber Spaghetti oder Makkaroni essen, bietet die älteste Universitätsstadt Europas ihre weltbekannte Sauce alla bolognese* *(s. S. 124).* *Die passt auch zu vielen anderen Sorten der unendlichen italienischen Pasta-Vielfalt.*

HAUCHDÜNNE PIZZA

MIT PARMASCHINKEN UND RUCOLA

Für 4 Pizzen (à etwa 28 cm ø)
ZUBEREITUNG 1 Std.
RUHEN 45 Min.
BACKEN 16 Min.

300 g Mehl + Mehl zum Arbeiten
je ½ TL Zucker und Salz
¼ Würfel frische Hefe (12 g)
2 EL Olivenöl

FÜR DIE TOMATENSAUCE
1 Zwiebel (100 g) | 1 Knoblauchzehe
2 EL Olivenöl
1 gehäufter EL Tomatenmark
2 Prisen brauner Zucker
1 Dose gehackte Tomaten (400 g)
1 gestrichener TL getrockneter Oregano
2 Prise getrocknete Chiliflocken
Meersalz (z.B. Fleur de Sel)
schwarzer Pfeffer

FÜR DEN BELAG
400 g Büffelmozzarella
2 Bund Rucola (120 g)
150 g geriebener Käse (z.B. Emmentaler)
120 g Parmaschinken in dünnen Scheiben
Olivenöl zum Beträufeln

AUSSERDEM
Pizza- oder Brotbackstein

1. Das Mehl mit Zucker und Salz mischen. Die Hefe zerbröseln und in 150 ml lauwarmem Wasser auflösen. Das Hefewasser und Olivenöl zum Mehl gießen. Alles mit den Knethacken des Handrührgeräts in etwa 10 Min. zu einem glatten Teig verkneten. Den Teig in Frischhaltefolie wickeln und 45 Min. ruhen lassen.

2. Inzwischen für die Tomatensauce Zwiebel und Knoblauch schälen und in feine Würfel schneiden. Das Olivenöl in einem kleinen Topf (18 cm ø) erhitzen und beides darin 2 Min. glasig dünsten. Das Tomatenmark einrühren, mit Zucker bestreuen und 1 Min. unter Rühren rösten. Die Tomaten zugießen. Die Dose mit 200 ml Wasser ausschwenken und ebenfalls zugießen. Aufkochen und die Sauce offen bei schwacher Hitze 30 Min. sämig einkochen lassen. Mit Oregano, Chili, Meersalz und Pfeffer pikant abschmecken.

3. Den Backofen mit dem Pizzastein auf 250° (nur Umluft) vorheizen. Für den Belag den Mozzarella in dünne Scheiben schneiden. Vom Rucola grobe Stielen abknipsen. Die Blätter waschen und trocken schleudern oder gut trocken schütteln.

4. Den Teig auf bemehlter Arbeitsfläche in 4 Portionen teilen. Diese mit dem Nudelholz zu dünnen Fladen (27–28 cm ø) ausrollen. Auf ein bemehltes Brett oder ein rundes Blech ziehen (so gleitet die Pizza besser auf den Stein). Jede Pizza mit 2 kleinen Kellen Tomatensauce bestreichen, einen Rand frei lassen. Mit geriebenem Käse und Mozzarella belegen und auf den heißen Pizzastein gleiten lassen. Die Pizzen nacheinander im Ofen (unten) in je etwa 4 Min. knusprig backen. Herausnehmen, mit Rucola und Parmaschinken belegen und mit Olivenöl beträufeln.

ZUERST EINEN TEIGFLADEN *belegt zu haben, reklamieren viele Völker für sich – doch keines kann Neapel den Pizza-Ruhm streitig machen. 1780 eröffnete die Pizzeria »Pietro e basta così«, die heute noch als »Ancient Pizzeria Brandi« existiert. Der Schwiegersohn des Käufers Enrico Brandi, Raffaele Esposito, durfte 1889 auf dem Schloss des Königs von Neapel dessen Gästen Umberto und Margherita von Savoyen drei Pizzen vorbacken: Pizza Mastunicola (Käse, Basilikum, Schweinefett), Pizza Marinara (Tomaten, Knoblauch, Origano), Pizza Pomodoro e Mozzarella (in den italienischen Nationalfarben: grünes Basilikum, weiße Mozzarella, rote Tomaten). Als die Königin von Savoyen huldvoll dankte und die Trikolore-Version am besten fand, nannte der Koch sie Pizza alla Margherita. Fortan war das Arme-Leute-Gericht Pizza gesellschaftsfähig.*

ZWIEBELKUCHEN

MIT APFELWEIN UND MAJORAN

Für 12 Stück (1 Backblech 37 x 45 cm)
ZUBEREITUNG 40 Min.
RUHEN 30 Min.
BACKEN 40 Min.

500 g Mehl + Mehl zum Arbeiten
200 ml Apfelwein (Cidre)
1 Würfel frische Hefe (42 g)
½ TL Salz | 1 TL Zucker
80 g weiche Butter + 1 EL fürs Blech
2 Eier (Größe M)

FÜR DEN BELAG

1,2 kg Zwiebeln
2 ½ EL Butter
50 ml Apfelwein (Cidre)
2 Zweige Majoran
1 TL gemahlener Kümmel
Salz | schwarzer Pfeffer
1 Prise Gemüsebrühpulver

FÜR DEN GUSS

300 g Sahne
2 Eier und 2 Eigelbe (beides Größe M)
20 g geriebener würziger Bergkäse
frisch geriebene Muskatnuss
100 g Frühstücksspeck (Bacon)

1. Das Mehl in eine Rührschüssel geben. Den Apfelwein lauwarm erhitzen. Die Hefe zerbröseln und darin auflösen. Zum Mehl gießen. Salz, Zucker, Butter und Eier zugeben und alles mit den Knethacken des Handrührgeräts oder der Küchenmaschine in etwa 8 Min. zu einem glatten Teig verkneten. Den Teig auf bemehlter Arbeitsfläche zu einer Kugel formen. In eine bemehlte Schüssel legen, mit einem Küchentuch abdecken und 30 Min. ruhen lassen.

2. In der Zwischenzeit für den Belag die Zwiebeln schälen, halbieren und in dünne Streifen schneiden. Die Butter in einem Topf (28 cm ø) erhitzen und die Zwiebeln darin bei mittlerer Hitze in 4 Min. glasig dünsten. Mit Apfelwein ablöschen und in etwa 6 Min. vollständig einkochen lassen. Den Majoran waschen, abzupfen und grob hacken. Die Zwiebeln mit Kümmel, Salz, Pfeffer, Brühpulver und Majoran würzen. Leicht abkühlen lassen.

3. Den Backofen auf 170° (Umluft, Ober-/Unterhitze 190°) vorheizen. Für den Guss Sahne, Eier, Eigelbe und Käse verquirlen. Mit Salz, Pfeffer und Muskatnuss würzen. Die Speckscheiben jeweils in 4 Stücke schneiden.

4. Das Backblech samt Rand mit 1 EL Butter fetten. Den Teig auf bemehlter Arbeitsfläche in Blechgröße ausrollen. Aufs Blech legen und den Rand hochziehen. Die Zwiebeln gleichmäßig auf dem Teig verteilen. Mit dem Guss übergießen und gleichmäßig mit den Speckstücken belegen.

5. Den Zwiebelkuchen im Backofen (Mitte) in etwa 40 Min. goldbraun backen. Herausnehmen, kurz abkühlen lassen, in Portionsstücke teilen und servieren.

WO NEUER WEIN *oder Federweißer kredenzt wird, gibt's Zwiebelkuchen – der aber auch in Regionen beliebt ist, wo kein Traubenmost gärt, wie in Westfalen, in der Rhön oder nach dem Morgenstreich der Basler Fasnacht. Zwiebeln, weltweit nach Tomaten, Melonen und Kopfkohl das meistproduzierte Gemüse, kommen in Deutschland an jedes zweite Gericht – immerhin 10 % der Bundesbürger lehnen sie ab. Obwohl der Zwiebelkuchen ein sehr enger Verwandter des Elsässer Flammkuchens (sowie der Quiche Lorraine) ist und auf Französisch Tarte alsacienne heißt, kann es Ihnen im Elsass beim Bestellen der Tarte passieren, dass Sie einen Mandelkuchen mit Konfitüre bekommen; denn der hat den gleichen Namen.*

QUICHE LORRAINE

MIT LAUCH UND KORIANDER

Für 6 Stück (1 Pieform 28 cm ø)
ZUBEREITUNG 35 Min.
RUHEN 1 Std.
BACKEN 40 Min.

150 g Mehl + Mehl zum Arbeiten
1 ½ TL Backpulver
Salz | schwarzer Pfeffer
frisch geriebene Muskatnuss
60 g Quark (40 % Fett)
50 g geriebener Käse (z.B. Emmentaler)
1 Ei (Größe M)
3 EL Olivenöl
1 TL Butter für die Form

FÜR DEN BELAG
150 g geräucherter Bauchspeck ohne Schwarte
400 g Lauch
2 EL Olivenöl
2 Prisen gemahlener Kümmel
2 Prisen gemahlener Koriander
300 g Sahne
3 Eier (Größe M)
3 Eigelbe (Größe M)
150 g geriebener Käse (z.B. Emmentaler und Greyerzer gemischt)

1. Das Mehl mit Backpulver, 2 Prisen Salz, Pfeffer und Muskatnuss mischen. Mit Quark, Käse, Ei und Olivenöl rasch zu einem glatten Teig verkneten. Den Teig in Frischhaltefolie wickeln und 1 Std. ruhen lassen.

2. Inzwischen für den Belag den Bauchspeck in kleine Würfel schneiden. Dabei eventuelle Knorpel entfernen. Den Lauch putzen und längs halbieren. Die Hälften gründlich, auch zwischen den Schichten, waschen. Den Lauch in 1,5 cm große Stücke schneiden.

3. Das Öl in einem Topf (24 cm ø) erhitzen. Den Speck darin in 3 Min. goldbraun rösten. Den Lauch zugeben und 3 Min. mitgaren. Das Gemüse mit Kümmel, Koriander, Pfeffer und Muskat würzen.

4. Den Backofen auf 170° (Umluft, Ober-/Unterhitze 190°) vorheizen. Die Form mit Butter fetten. Sahne, Eier und Eigelbe verquirlen. Mit Salz, Pfeffer und Muskatnuss würzen.

5. Den Teig auf bemehlter Arbeitsfläche etwas größer als die Form ausrollen. In die Form legen und einen 4 cm hohen Rand formen. Etwas Käse auf den Boden streuen, das Gemüse darauf verteilen und mit dem restlichen Käse bestreuen. Den Guss darübergießen.

6. Den Kuchen im Backofen (Mitte) etwa 30 Min. backen. Die Oberfläche mit Alufolie abdecken und weitere 10 Min. backen. Herausnehmen und etwas auskühlen lassen. In Portionsstücke teilen und mit frisch angemachten Blattsalaten servieren.

DIE LOTHRINGER SPECKTORTE *entwickelte sich aus der einfachen Landküche des 16. Jahrhunderts, denn die damalige Quiche bestand aus Brotteig, frischer Butter, dicker Sahne, geschlagenen Eiern und Salz. Später fügten die Lothringer Speck dazu. Das simple Grundrezept erlaubte zahllose Varianten in den Küchen der französischen Nachbarn und Kolonien – bis hin zu süßen Versuchen. Denen konnten die Lothringer nichts abgewinnen, obwohl sie Kuchen, Konfitüren und Konfekt mögen und produzieren.*

MAKKARONI-AUFLAUF

MIT DREIERLEI KÄSE

Für 4 Personen
ZUBEREITUNG 30 Min.
BACKEN 45 Min.

250 g Makkaroni | Salz
1 TL Butter für die Form
1 Rezept heiße Tomatensauce (s. S. 60)
2–3 Stängel Basilikum

FÜR DAS GEMÜSE

1 Aubergine (230 g)
1 rote Paprikaschote (200 g)
1 gelbe Paprikaschote (200 g)
1–2 Zweige Thymian
1 Knoblauchzehe
6 EL Olivenöl
Meersalz | schwarzer Pfeffer

FÜR DIE KÄSEKRUSTE

100 g geriebener Käse (z.B. Emmentaler)
50 g geriebener Parmesan
200 g Sahne
1 große Tomate (150 g)
1 Mozzarella (125 g)

AUSSERDEM

runde Auflaufform (20 cm ø, 10 cm hoch)

1. Die Nudeln in kochendem Salzwasser in 5 Min. bissfest garen. Abgießen und abtropfen lassen, nicht abschrecken.

2. Für das Gemüse Aubergine waschen, putzen und in 5 mm dicke Scheiben schneiden. Paprika waschen, halbieren und putzen. Die Hälften mit dem Sparschäler schälen und in 2 cm breite Streifen schneiden. Thymian waschen und trocken schütteln. Knoblauch schälen und halbieren.

3. In einer großen Pfanne 2 EL Öl erhitzen. Die Auberginen mit 1 Zweig Thymian und 1/2 Knoblauchzehe darin in 2 Min. goldbraun braten. Wenden, leicht mit Meersalz und Pfeffer würzen und 1 Min. weiterbraten. Auf Küchenpapier abtropfen lassen. Die restlichen Auberginen mit 2 EL Öl ebenso garen. Die Pfanne ausreiben. 2 EL Öl darin erhitzen und die Paprika mit restlichem Thymian und Knoblauch 2 Min. unter Rühren braten. Mit Meersalz und Pfeffer würzen, herausnehmen und abtropfen lassen.

4. Für die Kruste beide Käsesorten mit der Sahne verrühren. Tomate waschen, den Stielansatz entfernen. Mit dem Mozzarella in 5 mm dicke Scheiben schneiden.

5. Den Backofen auf 170° (Umluft, Ober-/Unterhitze 190°) vorheizen. Die Form mit Butter fetten. Etwas Käsemasse darin verteilen. Die Hälfte der Nudeln kreisförmig einschichten, etwas Käse daraufgeben und die Hälfte der Tomatensauce einfüllen. Das Gemüse einschichten und mit Käse bedecken. Nacheinander restliche Nudeln, Tomatensauce und Käse daraufgeben. Mozzarella- und Tomatenscheiben dachziegelartig auflegen. Den Auflauf mit Alufolie abdecken und im Ofen (Mitte) 30 Min. backen.

6. Die Folie abnehmen, den Ofen auf 200° (Umluft, Ober-/Unterhitze 220°) schalten und den Auflauf in 15 Min. goldbraun überbacken. Herausnehmen und kurz ruhen lassen. Basilikum waschen, trocken schütteln und abzupfen. Auf den Auflauf streuen.

DIE MAKKARONI *alias Maccheroni in Italien bekamen ihren Namen vom griechischen Wort für einen langen, dicken Grashalm: machoirionon. Denn um solche Halme – so notierte 1154 der arabische Geograf Scherif al Idrisi am Hof des Königs Roger II. in Palermo – wickelten damals die Sizilianer den Teig für ihre langen, hohlen Maccheroni, die so gut Sauce aufnehmen können und die Mutter aller italienischer Pasta-Sorten sind.*

FISCHE & MEERES-FRÜCHTE

MATJESFILET HAUSFRAUENART

MIT ROTEN ZWIEBELN UND ÄPFELN

Für 4 Personen
ZUBEREITUNG 15 Min.

200 g Crème fraîche
200 g saure Sahne
4 EL Sahne
3 EL Essiggurkensud (aus dem Glas)
3 Essiggurken (120 g, aus dem Glas)
2 fruchtige Äpfel (à 160 g, z.B. Rubinette)
Saft von ½ Zitrone
1–2 Prisen brauner Zucker
Salz | schwarzer Pfeffer
1 rote Zwiebel (120 g)
6 Doppel-Matjesfilets (12 Filets à 50 g)

AUSSERDEM
Apfelausstecher

1. Die Crème fraîche mit saurer Sahne, Sahne und Gurkensud in einer Schüssel mit dem Schneebesen verrühren.

2. Die Essiggurken längs vierteln und in feine Scheiben schneiden. Die Äpfel waschen und das Kerngehäuse mit dem Apfelausstecher herausstechen. Die Früchte halbieren, die Hälften nochmals dritteln und in feine Scheiben schneiden. Die Apfelscheiben sofort mit Zitronensaft beträufeln.

3. Die Gurken- und Apfelscheiben unter die Sahnesauce heben. Die Sauce mit Zucker, Salz und Pfeffer abschmecken. Die Zwiebel schälen und in sehr feine Ringe schneiden. Die Matjesfilets am Schwanzende durchtrennen.

4. Die Hausfrauensauce portionsweise auf Tellern verteilen. Je 3 Matjesfilets und einige Zwiebelringe darauf anrichten und servieren. Dazu schmecken Kartoffeln, z.B. Salz- oder Röstkartoffeln (s. S. 185), oder ganz schlicht dunkles Vollkornbrot oder Pumpernickel mit Butter.

DIE FISCHE *für die traditionsreiche Matjeswoche in Glückstadt an der Elbe, das 1617 vom Dänen-König Christian IV. als Konkurrenz zur Hafenstadt Hamburg gegründet und bis 1976 Standort der letzten deutschen Heringsflotte war, kommen aus skandinavischen Fängen – schmecken aber wie beste holländische Matjes, die in milder Salzlauge reifen. Das Matjes-Happening beginnt jeweils am 3. Donnerstag im Juni und dauert 4 Tage. Auch anderswo erkennt man frische Matjes an der glänzend silbrig-braunen Haut und an der leicht rötlichen Filetunterseite.*

WOLFSBARSCH

IN DER SALZKRUSTE

Für 2 Personen
ZUBEREITUNG 20 Min.
BACKEN 25 Min.

4 Eiweiße (Größe M)
2 kg ungereinigtes Meersalz
1 küchenfertiger Wolfsbarsch (etwa 750 g, nicht geschuppt)
½ TL Korianderkörner
½ TL Fenchelsamen
½ TL schwarze Pfefferkörner
2–3 Stängel glatte Petersilie
2–3 Stängel Dill
etwas Zitronensaft

ZUM ANRICHTEN
Olivenöl zum Beträufeln
Meersalz (z.B. Fleur de Sel)
schwarzer Pfeffer
2 Bio-Zitronenspalten

AUSSERDEM
Backpapier

1. Den Backofen auf 210° (Umluft, Ober-/Unterhitze 230°) vorheizen. Ein Backblech mit Backpapier belegen. Die Eiweiße in einer großen Schüssel kurz mit dem Schneebesen verquirlen. Das Meersalz unterrühren. Ein Drittel der Mischung diagonal in einem etwa 20 cm breiten Streifen in Fischlänge auf dem Blech verteilen.

2. Den Fisch innen und außen kalt abspülen und eventuell verbliebene Blutreste entfernen. Mit Küchenpapier trocken tupfen.

3. Koriander, Fenchel und Pfeffer zusammen im Mörser fein zerstoßen. Petersilie und Dill waschen und trocken schütteln. Den Fisch innen und außen mit der Würzmischung einreiben. Die Kräuter in die Bauchhöhle stecken und diese mit Zitronensaft beträufeln.

4. Den Fisch auf das Salzbett legen. Mit der restlichen Salzmischung vollständig bedecken, gut festdrücken. Den Fisch im Ofen (Mitte) etwa 25 Min. garen.

5. Den Wolfsbarsch aus dem Ofen nehmen und etwa 3 Min. ruhen lassen. Die Salzkruste mit einem Sägemesser aufschneiden, den Deckel abnehmen.

6. Die Fischhaut abziehen. Die glasig gegarten Filets vorsichtig und ohne Salzkruste herauslösen. Sofort auf vorgewärmten Tellern anrichten. Mit etwas Olivenöl beträufeln, mit Meersalz und Pfeffer würzen. Mit den Zitronenspalten servieren. Als Beilage passen frisch angemachter Blattsalat mit gehobelten Fenchelscheiben, Artischocken-Paprika-Gemüse (s. S. 186), gekochte Kartoffeln oder frisches Weißbrot.

SO EDEL ER IST, *so leicht lässt er sich züchten: Auf einen hierzulande servierten Wolfsbarsch aus Wildfang kommen allein sieben aus Mittelmeer-Zucht. Wenn der Fisch, der auch als Loup de mer auf deutschen Speisekarten steht, geangelt ist, kennzeichnen ihn die Franzosen mit dem Qualitätsetikett »Bar de ligne«. Wegen seines delikaten Geschmacks würzen und aromatisieren ihn die großen Köche besonders behutsam; die Methode, ihn (wie auch andere Fische) in Salzkruste zu garen, reklamieren die Sizilianer als ihre Erfindung. Die besonders Traditionsbewussten unter ihnen bereiten die Kruste klassisch ohne Mehl und Eiweiß.*

FORELLE »MÜLLERIN«

MIT BRAUNER MANDELBUTTER

Für 4 Personen
ZUBEREITUNG 20 Min.

4 frische küchenfertige Forellen (à 350 g)
Meersalz (z.B. Fleur de Sel)
einige Spritzer Worcestersauce
Saft von ½ Zitrone
8 Stängel glatte Petersilie
4 EL Mehl
6–8 EL Olivenöl zum Braten

ZUM VERFEINERN

2 Bio-Zitronen
8–10 Stängel glatte Petersilie
8 EL kalte Butter
40 g Mandelblättchen
schwarzer Pfeffer

AUSSERDEM

Fischschere

1. Die Forellen innen und außen kalt abspülen und eventuell verbliebene Blutreste entfernen. Mit Küchenpapier trocken tupfen. Die unteren Flossen mit der Fischschere abschneiden.

2. Die Forellen innen und außen mit Meersalz würzen. Den Bauchraum mit Worcestersauce und Zitronensaft beträufeln. Die Petersilie waschen und trocken schütteln. Je 2 Stängel in die Bauchhöhlen stecken. Die Fische von beiden Seiten mit je 1 EL Mehl bestäuben. Überschüssiges Mehl leicht abklopfen.

3. Die Zitronen zum Verfeinern dick schälen, dabei die weiße Haut mit entfernen. Die Früchte in dünne Scheiben schneiden. Die Petersilie waschen, trocken schütteln, abzupfen und grob hacken. Die Butter in kleine Würfel schneiden und wieder kalt stellen.

4. Das Olivenöl in zwei großen Pfannen erhitzen. Die Forellen darin bei mittlerer Hitze 3 Min. braten. Vorsichtig wenden und die zweite Seite in 3 Min. goldbraun braten. Dabei mit dem Bratfett beträufeln. Das Bratfett vorsichtig abgießen, die Forellen dabei in der Pfanne lassen.

5. Die Butterstückchen und Mandelblättchen in der Pfanne 2 Min. braten. Die Forellen herausheben und auf vorgewärmte Teller legen. Mit Pfeffer würzen und mit den Zitronenscheiben belegen.

6. Die Petersilie kurz in der heißen Mandelbutter schwenken. Über die Forellen träufeln. Dazu schmecken Salzkartoffeln oder im Frühjahr neue Kartoffeln und frisch angemachter Kopfsalat.

»BUTTER BEI DIE FISCHE« – *das war früher an der norddeutschen Küste die Aufforderung, gebratenen Fisch zu finalisieren und sofort zu servieren. Das wurde dann vor und nach Tisch ein geflügeltes Wort, das in Gesprächen und Verhandlungen auffordert, endlich zur Sache oder zum Ende zu kommen. Beim Essen sind diejenigen, die vor allem an die Gesundheit denken, gegen Butter, und jene, die an den Geschmack denken, für Butter. Fernand Point, der Ausbilder vieler großer französischer Köche, forderte für Saucen: »Du Beurre, du beurre, du beurre!« Und der heute weltweit erfolgreiche Joël Robuchon meint: »Gäbe es die Butter nicht, so wäre dies einfach ein grauenhafter Zustand.«*

GEBRATENE SCHOLLE

MIT KRABBENBUTTER

Für 4 Personen
ZUBEREITUNG 20 Min.

4 küchenfertige Schollen mit Haut
(à etwa 400 g, ohne Kopf und Flossen)
Meersalz (z.B. Fleur de Sel)
schwarzer Pfeffer
2 EL Buchweizenvollkornmehl
6–8 Stängel glatte Petersilie
2 große Tomaten (250 g)
2 EL Butterschmalz
2 EL Butter
250 g Nordseekrabbenfleisch
4 Bio-Zitronenecken

1. Die Schollen kalt abspülen und eventuell verbliebene Blutreste entfernen. Mit Küchenpapier trocken tupfen. Die Fische von beiden Seiten mit Meersalz und Pfeffer würzen. Mit Buchweizenmehl bestäuben, überschüssiges Mehl leicht abklopfen.

2. Die Petersilie waschen, trocken schütteln, abzupfen und grob hacken. Die Tomaten waschen, Stielansätze und Kerne entfernen, das Fruchtfleisch in kleine Würfel schneiden.

3. Das Butterschmalz in zwei großen Pfannen erhitzen. Die Schollen darin bei mittlerer Hitze 3 Min. braten. Vorsichtig wenden und die zweite Seite in 3 Min. goldbraun braten. Herausheben und auf vorgewärmte Teller legen.

4. Eine Pfanne mit Küchenpapier ausreiben. Die Butter darin erhitzen und die Tomatenwürfel und Krabben kurz darin erwärmen. Die Petersilie einstreuen.

5. Die Krabbenbutter über die Schollen träufeln. Mit den Zitronenecken servieren. Als Beilage schmecken Pellkartoffeln oder Röstkartoffeln (s. S. 185).

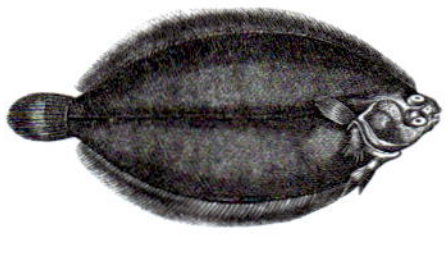

MENSCHEN *entschuldigen sich oft damit, dass sie hinten keine Augen haben – die Scholle hat's da besser: Sie kann mit einem Auge nach vorn, mit dem anderen nach hinten blicken. In beiden Richtungen sieht sie ihr nahes Ende: Die Scholle zählt laut WWF zu den gefährdetsten Tieren. Früher wurde sie bis zu 50 Jahre alt, einen knappen Meter lang und bis zu 7 Kilo schwer, heute geht sie mit 25 bis 40 cm ins Netz – vor ihrer Geschlechtsreife. Sie sollte ihre Fähigkeit, sich bei Gefahr so weit in den Meeresboden eingraben zu können, dass nur noch die Augen rausschauen, wenigstens so lange nutzen, bis sie nicht mehr als zarte Maischolle begehrt ist …*

OFENLACHS

MIT KARTOFFELWÜRFELN UND SPINATSAUCE

Für 4 Personen
ZUBEREITUNG 45 Min.
BACKEN 30 Min.

4 Lachsfilets ohne Haut (à 200 g)
1 TL Butter für die Form
3 EL Olivenöl
Meersalz (z.B. Fleur de Sel)

FÜR DIE KARTOFFELN

600 g festkochende Kartoffeln
4 EL Olivenöl
1 Prise getrocknete Chiliflocken
1 Prise gemahlener Kümmel

FÜR DIE SPINATSAUCE

250 g Wurzelspinat
4 EL Olivenöl
1 große Schalotte (50 g)
1 Knoblauchzehe
2 EL kalte Butter | 1 TL Mehl
300 ml Gemüsebrühe
200 g Sahne
Salz | schwarzer Pfeffer
frisch geriebene Muskatnuss

AUSSERDEM

Fischpinzette
Auflaufform

1. Den Backofen auf 80° (nur Ober-/Unterhitze) vorheizen. Lachs kalt abspülen und trocken tupfen. Eventuell verbliebene Gräten mit der Pinzette entfernen. Die Form mit Butter fetten.

2. Das Öl in einer großen Pfanne erhitzen. Die Filets mit Meersalz würzen und mit der Oberseite in die Pfanne legen. Bei mittlerer Hitze 1 Min. anbraten. Wenden und in die Form legen, diese zweimal mit Frischhaltefolie umwickeln. Den Fisch im Ofen (Mitte) in etwa 30 Min. glasig garen.

3. Inzwischen die Kartoffeln waschen, schälen und 1 cm groß würfeln. Öl in einer großen Pfanne erhitzen und die Kartoffeln darin bei mittlerer Hitze in 12–15 Min. knusprig braten. Mit Meersalz, Chili und Kümmel würzen, auf Küchenpapier abtropfen lassen.

4. Für die Spinatsauce grobe Stiele vom Spinat entfernen. Die Blätter waschen und abtropfen lassen. In kochendem Salzwasser 1 Min. garen. In ein Sieb abgießen, eiskalt abschrecken und gut abtropfen lassen. Mit den Händen ausdrücken. Den Spinat fein hacken. Mit dem Öl mit dem Pürierstab fein mixen. Schalotte und Knoblauch schälen und in feine Würfel schneiden.

5. In einem Topf (24 cm ø) 1 EL Butter erhitzen. Schalotte und Knoblauch darin 2 Min. glasig dünsten. Mehl einstreuen, Brühe nach und nach einrühren. Aufkochen und bei mittlerer Hitze 5 Min. köcheln lassen. Dabei gelegentlich umrühren. Sahne zugießen und bei schwacher Hitze 5–6 Min. weiterköcheln lassen. Den Spinat unterziehen und 2 Min. mitgaren. 1 EL Butter in kleine Würfel teilen und mit dem Pürierstab untermixen. Die Sauce mit Salz, Pfeffer und Muskat abschmecken.

6. Den Lachs aus dem Ofen nehmen und die Folie abziehen. Mit Spinatsauce und Kartoffeln auf vorgewärmten Tellern anrichten.

AUCH FISCHE *können einen dicken Kopf haben. Beim Seeteufel macht er etwa die halbe Körpergröße aus, beim Lachs bis zu 20 % des Gewichts. Bevor er in rauen Mengen gezüchtet wurde, galt der Lachs als »Wanderer zwischen den Kulturen«: Denn wild lebend konnte er im Süß- wie Salzwasser leben, pendelte zwischen Meeren und Flüssen und schoss auf dem Weg zum Laichen in seinem Geburtsgewässer torpedoartig über bis zu 2 m hohe Hindernisse. Ans Ziel führte ihn sein außerordentlicher Geruchssinn. Dort legte er pro Kilo Lebendgewicht 2000 Eier. Seine Brut machte sich nach mindestens einem, spätestens im fünften Jahr aus dem Süßwasser ins Meer auf.*

KNUSPRIGER KARPFEN

MIT DILLGURKEN

Für 4 Personen
ZUBEREITUNG 40 Min.

650 g Karpfenfilet ohne Haut
2 Eier (Größe M)
140 g Mehl
120 ml Weißwein (ersatzweise Bier)
2 EL Olivenöl
1 Prise Fenchelsamen
Meersalz (z.B. Fleur de Sel)
150–200 g Butterschmalz
schwarzer Pfeffer
4 Bio-Zitronenecken zum Servieren

FÜR DIE DILLGURKEN

1 Salatgurke (400 g)
1 Frühlingszwiebel (50 g)
4–5 Stängel Dill
100 g saure Sahne
100 g Crème fraîche
50 g Naturjoghurt
2 Prisen brauner Zucker
1 Spritzer Zitronensaft
Salz

AUSSERDEM

Fischpinzette

1. Den Fisch kalt abspülen und mit Küchenpapier trocken tupfen. Eventuell verbliebene Gräten mit der Pinzette entfernen. Das Filet in 8 Stücke schneiden. Für den Backteig die Eier trennen. Mehl, Eigelbe, Wein, Olivenöl und Fenchelsamen zu einem glatten Teig verrühren. Etwa 10 Min. quellen lassen.

2. Inzwischen für die Dillgurken die Gurke waschen und streifig schälen. Die Gurke längs halbieren und die Kerne herausschaben. Die Hälften in etwa 5 mm große Würfel schneiden. Frühlingszwiebel waschen, putzen und in feine Röllchen schneiden. Dill waschen, trocken schütteln, abzupfen und grob hacken.

3. Die saure Sahne mit Crème fraîche und Joghurt in einer Schüssel verrühren. Mit Zucker, Zitronensaft, Salz und Pfeffer würzen. Die Gurken unterheben und etwa 15 Min. ziehen lassen.

4. Die Eiweiße mit 1 Prise Meersalz steif schlagen. Den Backteig durchrühren und den Eischnee behutsam unterziehen. Das Butterschmalz in zwei großen Pfannen erhitzen. Die Karpfenfilets mit Meersalz und Pfeffer würzen. Nacheinander in den Teig tauchen, am Schüsselrand etwas abstreifen und vorsichtig in das heiße Schmalz legen. Die Filets bei mittlerer Hitze von jeder Seite etwa 3 Min. braten. Dann bei schwacher Hitze 4 Min. weitergaren. Dabei gelegentlich wenden und mit dem heißen Bratfett begießen.

5. Den Fisch aus der Pfanne heben und auf Küchenpapier abtropfen lassen. Frühlingszwiebel und Dill in die Gurkensauce rühren. Die Karpfenfilets mit den Dillgurken und den Zitronenecken servieren. Als Beilage schmecken kleine Butterkartoffeln oder Kartoffel-Endivien-Salat (s. S. 185).

KARPFENSCHUPPEN *als Glücksbringer im Portemonnaie hielten länger als die Begeisterung für diesen Fisch als traditionelles Silvesteressen. Denn aufgrund der allgemeinen Umweltverschmutzung und der immer billigeren Lebensmittelproduktion verdarben Karpfen den Appetit, die aus trüber Wasserqualität, nach schlechter Zufütterung und mit Schlamm in den Kiemen serviert wurden. Wie schön, dass beispielsweise die Franken ihren Ruf als Karpfen-Hochburg wahrten. Langlebig kann auch der Fisch selbst sein: Als die Fastenzeit in katholischen Gegenden noch ernst genommen wurde, blieben Karpfen auf dem Transport tagelang in feuchtem Moos und bei Fütterung mit milchgetränktem Brot am Leben.*

WALLERFILET

AUS DEM OFEN MIT GEMÜSESAUCE

Für 4 Personen
ZUBEREITUNG 30 Min.
BACKEN 45 Min.

4 Wallerfilets ohne Haut (à 180 g)
1 TL Butter für die Form
einige Stängel Dill
Meersalz (z.B. Fleur de Sel)
100 ml trockener Weißwein

FÜR DIE SAUCE

2 Schalotten (80 g)
1 kleine Möhre (60 g)
100 g Knollensellerie
60 g Lauchgrün
1 EL Butter | 1 EL Mehl
400 ml Fischfond (s. S. 183)
100 ml trockener Wermut
(z.B. Noilly Prat)
50 ml trockener Weißwein
200 g Sahne
1 EL scharfer Senf
1 TL grobkörniger Senf
4–5 Stängel Dill
Salz | schwarzer Pfeffer
Cayennepfeffer

AUSSERDEM

Fischpinzette
Auflaufform

1. Den Backofen auf 80° (nur Ober-/Unterhitze) vorheizen. Die Fischfilets kalt abspülen und mit Küchenpapier trocken tupfen. Eventuell verbliebene Gräten mit der Pinzette entfernen.

2. Die Form mit Butter ausstreichen. Den Dill waschen, trocken schütteln und in die Form legen. Die Filets von beiden Seiten mit Meersalz würzen und auf den Dill legen. Den Wein zugießen und die Form zweimal mit Frischhaltefolie umwickeln. Den Fisch im Ofen (Mitte) je nach Stärke der Filets in 40–45 Min. glasig garen.

3. Inzwischen für die Sauce die Schalotten schälen und in feine Würfel schneiden. Möhre, Sellerie und Lauch waschen und putzen. Möhren und Sellerie schälen und in feine Würfel schneiden, den Lauch ebenfalls fein würfeln.

4. Die Butter in einem Topf (24 cm ø) erhitzen. Das Mehl einstreuen, den Fischfond nach und nach mit einem Schneebesen einrühren und aufkochen lassen. Schalotten, Wermut und Weißwein zugeben und 5 Min. köcheln lassen. Dabei gelegentlich umrühren. Die Möhren- und Selleriewürfel einstreuen und alles bei schwacher Hitze 5 Min. weiterköcheln lassen.

5. Die Sahne zugießen und aufkochen lassen. Den Lauch und beide Senfsorten einrühren und die Sauce bei schwacher Hitze in 6 Min. sämig einkochen lassen. Den Dill waschen, trocken schütteln und grob hacken. Die Sauce mit Salz, Pfeffer und Cayennepfeffer abschmecken, den Dill unterziehen.

6. Den Fisch aus dem Ofen nehmen. Die Folie abziehen und die Filets auf vorgewärmten Tellern anrichten. Die Kochflüssigkeit durch ein Sieb in die Sauce rühren. Die Sauce nochmals aufkochen lassen und großzügig über den Fisch gießen.

WIE DER HUCHEN *oder der Aal wurde auch der Waller alias Wels auf Tauchstation verbannt, als jeder Koch meinte, er könne seinen Gästen nur noch Lachs, Lotte und Loup de mer zumuten. Der größte europäische Süßwasserfisch musste – besonders rund um bayerische Gewässer – für viel gruselige Abschreckung herhalten. Er war ein Symbol für die Angst der frühen heidnischen Siedler vor der Naturgewalt des Wassers, und im Mittelalter nutzte die Kirche ihn, um von einem gottlosen Leben abzuhalten. Mittlerweile wird der Fisch, dessen Fleisch fest und fettarm ist, wegen seines Geschmacks und Grätenmangels wieder geschätzt.*

GEBRATENE GARNELEN

MIT ROTER CURRYSAUCE

Für 4 Personen
ZUBEREITUNG 50 Min.

800 g Garnelen ohne Kopf und Schale (32 Stück à 25 g)
450 g Blumenkohl
100 g Babymais
450 g grüner Spargel
150 g Kirschtomaten
2 Frühlingszwiebeln (100 g)
je 3 EL Pflanzenöl und Olivenöl
3 EL helle Sojasauce
Meersalz | schwarzer Pfeffer
Saft von ½ Limette

FÜR DIE SAUCE

1 Stück frischer Ingwer (geschält 12 g)
1 kleine Knoblauchzehe
1 Stange Zitronengras (Asienladen)
3 Kaffir-Limettenblätter (Asienladen)
1 gestrichener EL brauner Zucker
1 EL rote Currypaste (Asienladen)
1 EL Tomatenmark
1 Dose ungesüßte Kokosmilch (400 ml)
200 g Sahne | Salz

AUSSERDEM

8 lange Holzspieße

1. Die Garnelen am Rücken einritzen und die Darmfäden herausziehen. Kalt abspülen, trocken tupfen und auf die Spieße ziehen. Abgedeckt kühl stellen.

2. Das Gemüse waschen und putzen. Blumenkohlröschen in 5 mm dicke Scheiben, den Strunk in dünne Scheiben schneiden. Mais längs halbieren. Spargel im unteren Drittel schälen und schräg in 1 cm dicke Scheiben schneiden. Tomaten halbieren, den Stielansatz entfernen. Frühlingszwiebeln schräg in dünne Streifen schneiden.

3. Für die Sauce Ingwer und Knoblauch schälen und grob hacken. Zitronengras am dickeren Ende flach klopfen und grob zerkleinern. Limettenblätter waschen und grob zerreißen. Zucker in einem Topf (24 cm ø) hell karamellisieren lassen. Currypaste darin 1 Min. rösten, Tomatenmark 1 Min. mitrösten. Kokosmilch nach und nach einrühren. Die Dose mit 100 ml Wasser ausschwenken und zugießen. Aufkochen lassen. Ingwer, Knoblauch, Zitronengras, Limettenblätter und Sahne einrühren. Die Sauce offen bei schwacher Hitze etwa 18 Min. sämig einkochen lassen. Dabei gelegentlich umrühren. Salzen und durch ein feines Sieb gießen.

4. In einem Wok 2 EL Pflanzenöl erhitzen. Den Blumenkohl darin 1 Min. scharf anbraten. Restliches Öl, Spargel und Mais 3 Min. mitbraten. Sojasauce zugießen und bei mittlerer Hitze 4 Min. weitergaren. Tomaten und Frühlingszwiebeln 1 Min. mitbraten.

5. Die Garnelen von beiden Seiten mit Meersalz, Pfeffer und Limettensaft würzen. Das Olivenöl in einer großen Pfanne erhitzen und die Spieße darin 2 Min. scharf anbraten. Wenden und bei schwacher Hitze 2 Min. weitergaren. Die Sauce nochmals aufkochen und mit dem Pürierstab schaumig aufmixen. Gemüse und Garnelenspieße in Schalen anrichten und mit der Sauce beträufeln.

BEI KAUM *einer anderen Tierart verwirren Fischindustrie, Händler und Köche ihre Kundschaft mit so vielen Namen: Die Garnele aus der Nordsee wird auch als Nordseekrabbe, Strandgarnele, Granat oder Krevette angeboten; die am häufigsten gezüchtete Art, die Geißelgarnele, heißt auch Shrimp oder Prawn; Pazifikgarnelen gibt es auch als Black Tiger Prawns, Grönlandshrimps als Tiefseegarnelen. Die Party-Gambas, Kingprawns und Riesengarnelen (nicht zu verwechseln mit Kaisergranat oder Scampo) sowie Hummerkrabben, die bloß eine große Garnelensorte sind, kommen durchweg aus südostasiatischer Zucht.*

MIESMUSCHELN

MIT TOMATENSAUCE

Für 4 Personen
ZUBEREITUNG 45 Min.

3 kg große fleischige Miesmuscheln
1 weißes Stück Lauch (100 g)
1 kleiner Zweig Estragon
3–4 EL Olivenöl
150 ml Gemüsebrühe
150 ml trockener Weißwein
Meersalz (z.B. Fleur de Sel)

FÜR DIE TOMATENSAUCE

1 Zwiebel (100 g)
1 große Knoblauchzehe
2 EL Olivenöl
2 EL Tomatenmark
1 TL brauner Zucker
2 Dosen gehackte Tomaten (à 400 g Inhalt)
Salz | schwarzer Pfeffer
2 Prisen getrocknete Chiliflocken

1. Die Miesmuscheln unter fließend kaltem Wasser gründlich säubern und den Bart herausziehen. Bereits geöffnete Exemplare aussortieren. Den Lauch gründlich waschen und in 1 cm große Stücke schneiden. Den Estragon waschen und trocken schütteln.

2. Für die Tomatensauce Zwiebel und Knoblauch schälen und in feine Würfel schneiden. Das Olivenöl in einem Topf (24 cm ø) erhitzen und beides darin etwa 2 Min. glasig dünsten. Das Tomatenmark einrühren und 1 Min. mitrösten. Zucker einstreuen und 1 Min. unter Rühren weitergaren. Die Tomaten zugießen. Die Dosen mit insgesamt 400 ml Wasser ausschwenken und dieses ebenfalls zugießen. Aufkochen und offen bei schwacher Hitze etwa 20 Min. köcheln lassen. Die Sauce mit Salz, Pfeffer und Chiliflocken pikant abschmecken.

3. Für die Muscheln das Öl in einem großen Topf (32 cm ø) erhitzen. Lauch und Estragon darin bei mittlerer Hitze etwa 1 Min. dünsten. Mit Gemüsebrühe und Weißwein ablöschen und aufkochen lassen. Die Muscheln in den kochenden Sud geben und abgedeckt bei mittlerer Hitze etwa 5 Min. kochen lassen. Dabei den Topf immer wieder schütteln.

4. Den Muschelsud vorsichtig abgießen. Noch geschlossene Muscheln aussortieren. Die Tomatensauce zu den Muscheln in den Topf gießen und behutsam mischen. Nach Wunsch vorsichtig mit Pfeffer und Meersalz nachwürzen. Die Muscheln in vorgewärmten großen tiefen Tellern oder in Schüsseln verteilen und mit frischem Weißbrot servieren.

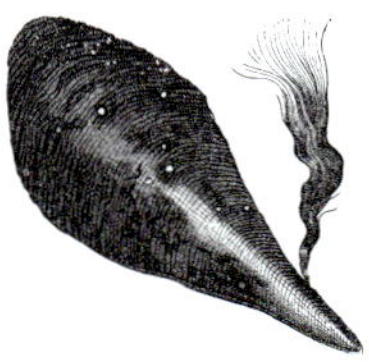

IHREN ALLES ANDERE *als appetitlichen Vornamen verdanken die meistgegessenen Muscheln dem mittelhochdeutschen Wort für Moos. Etwa 5 % des europäischen Bedarfs kommen von den Küsten Schleswig-Holsteins und Niedersachsens, knapp 20 % aus den Niederlanden und Dänemark, 45 % aus der Zucht vorm spanischen Galicien. In Frankreich werden sie schon seit dem 13. Jahrhundert an Holzpflöcken gezüchtet. Eine originelle Art, Muscheln zu essen, lebt durch Picknicks an der US-Ostküste fort: Man gart sie (mit Fisch, Hummer, Kartoffeln und Mais) zwischen Seetang auf heißen Steinen.*

LINGUINE

MIT VENUSMUSCHELN UND SAFRAN

Für 4 Personen
ZUBEREITUNG 30 Min.

2 kg Venusmuscheln (vongole verraci)
2 Knoblauchzehen
2 Schalotten (70 g)
1 kleine rote Chilischote
1 Stange Staudensellerie (50 g)
8–10 Stängel glatte Petersilie
500 g Linguine (oder Spaghetti)
Salz
6 EL Olivenöl
200 ml trockener Weißwein
2 EL Anisschnaps (z.B. Pernod)
6–8 Safranfäden
Saft von ½ Zitrone
schwarzer Pfeffer
Meersalz (z.B. Fleur de Sel)
4 EL kalte Butter

1. Die Muscheln unter fließend kaltem Wasser gründlich säubern, bereits geöffnete Exemplare aussortieren. Knoblauch und Schalotten schälen. Den Knoblauch in feine Würfel, die Schalotten in feine Streifen schneiden.

2. Die Chilischote waschen, putzen und mit Kernen in feine Würfel schneiden. Den Staudensellerie waschen, harte Fäden abziehen und die Stange in kleine Würfel schneiden. Die Petersilie waschen, trocken schütteln, abzupfen und grob hacken.

3. Die Nudeln nach Packungsanweisung in reichlich kochendem Salzwasser bissfest garen. In ein Sieb abgießen und abtropfen lassen, nicht abschrecken.

4. In einem großen Topf (32 cm ø) 4 EL Olivenöl erhitzen. Schalotten und Knoblauch darin 1 Min. glasig dünsten. Weißwein und Anisschnaps zugießen und 1 Min. köcheln lassen. Chili, Staudensellerie, Safran und Muscheln in den kochenden Sud geben. Zugedeckt bei mittlerer Hitze etwa 5 Min. köcheln lassen. Dabei den Topf immer wieder schütteln.

5. Die Muscheln mit Zitronensaft abschmecken und mit Pfeffer würzen. Nach Wunsch vorsichtig mit Meersalz nachwürzen.

6. Die heißen Nudeln zu den Muscheln geben. Die Butter in kleine Würfel teilen und mit dem restlichen Olivenöl einrühren. Die Petersilie unterheben. Die Nudeln mit den Muscheln und dem Sud in vorgewärmten tiefen Tellern anrichten. Sofort servieren.

ALS DER AUS KASCHMIR *stammende und heute zumeist aus Spanien kommende Safran zum teuersten Gewürz geworden war, wurden die »Gewürzschmierer« aktiv. Im mittelalterlichen Nürnberg begrub man sie, als ein Pfund Safran noch so teuer wie ein edles Pferd war, lebendig mit ihrer Ware oder verbrannte sie auf dem Scheiterhaufen. Heute wird einem gern Kurkuma (ein Gelbwurzpulver) oder Safron (Passionsblumenpulver) als Safran angedreht. Aber auch original kann er einem übel mitspielen: 10–15 g, so weiß man seit der Antike, wirken tödlich – auf tragikomische Weise: Man wird euphorisch bis zum Gehtnichtmehr.*

ROTWEINRISOTTO

MIT OKTOPUS UND ROTE-BETE-SAFT

Für 4 Personen
ZUBEREITUNG 1 Std. 40 Min.

1 kg küchenfertiger Oktopus
(Pulpo, Krake, frisch oder tiefgekühlt)
6–8 Stängel glatte Petersilie
1 Knoblauchzehe
2 Lorbeerblätter
Meersalz (z.B. Fleur de Sel)

FÜR DEN RISOTTO

1 rote Zwiebel (80 g)
1 kleine Möhre (80 g)
1 Stange Staudensellerie (80 g)
Salz
3 EL kalte Butter
1 Knoblauchzehe
5 EL Olivenöl
250 g Risottoreis (z.B. Arborio)
100 ml Rotwein
100 ml roter Portwein
800 ml heiße Gemüsebrühe
schwarzer Pfeffer
20 g frisch geriebener Parmesan
3 EL Rote-Bete-Saft
Olivenöl zum Beträufeln

1. Den Oktopus kalt abspülen, tiefgekühlten Oktopus nach Packungsangabe auftauen lassen. Petersilie waschen, trocken schütteln und abzupfen. Die Blättchen beiseitelegen. Knoblauch mit Schale halbieren. Petersilienstängel, Oktopus und Lorbeer in reichlich kochendes Salzwasser legen. Aufkochen und bei schwacher bis mittlerer Hitze etwa 1 Std. köcheln lassen, bis der Oktopus weich ist.

2. Den Oktopus eiskalt abschrecken. Die Arme abtrennen und in 1 cm große Stücke schneiden. Den Kopf halbieren, Schnabel und Knorpel entfernen, das Fleisch klein schneiden.

3. Inzwischen für den Risotto die Zwiebel schälen und fein würfeln. Möhre und Sellerie waschen. Möhre schälen, vom Staudensellerie harte Fäden abziehen. Beides 5 mm groß würfeln. In kochendem Salzwasser in etwa 2 Min. weich garen. Abgießen. Butter in Würfel teilen und wieder kalt stellen. Knoblauch schälen und fein hacken.

4. In einem Topf (24 cm ø) 3 EL Öl erhitzen und die Zwiebel darin 1 Min. dünsten. Reis einrühren und 2 Min. mitdünsten, leicht salzen. Rotwein und Portwein mischen. Die Hälfte davon zum Reis gießen und etwa 2 Min. einkochen lassen. Nochmals wiederholen. Die Brühe in Portionen zugießen. Dabei den Reis immer nur bedecken und beständig rühren. Den Reis so in 18–20 Min. leicht bissfest garen. Gemüse, Butter und Parmesan unterheben. Mit Meersalz und Pfeffer würzen.

5. In einer Pfanne 2 EL Öl erhitzen und den Oktopus darin 1 Min. scharf anbraten. Knoblauch 1 Min. mitbraten. Mit Meersalz und Pfeffer würzen. Die Petersilie grob hacken und unterheben. Die Hälfte des Oktopus einrühren und den Risotto mit Rote-Bete-Saft färben. Auf vorgewärmten Tellern anrichten. Den restlichen Oktopus darauf verteilen und mit etwas Olivenöl beträufelt servieren.

1949 MACHTE DER FILM *»Bitterer Reis« die kurvenreiche Silvana Mangano zu einem der ersten Sexsymbole und den Reis als typisch italienisch populär. Doch als sich Italiens Reiche in der Renaissance den ersten Risotto servieren ließen, war Reis schon Jahrtausende in China beliebt und Jahrhunderte in Spanien (für die Paella) gefragt. Risotto ist für Italiener kein Gericht, sondern eine Leidenschaft. Als Verdi mal wieder für einen Operntriumph gefeiert wurde, winkte seine Frau ab: »Wenn die Leute wüssten, wie gut er einen Risotto komponiert, weiß Gott, welche Ovationen er dann erhielte.« Selbst als vergötterter Maestro rührte er eigenhändig eine Dreiviertelstunde lang seine Risotti …*

FLEISCH

GEFÜLLTE RINDERROULADEN

MIT EINGELEGTEN ZWIEBELN UND CROÛTONS

Für 4 Personen
ZUBEREITUNG 2 Std. 30 Min.

1 Scheibe Toastbrot
1 Zweig Thymian | 1 TL Butter
1 kleine Möhre (80 g) | Salz
4 eingelegte Zwiebeln in Aceto balsamico (40 g)
4 Rinderrouladen (à 200 g)
schwarzer Pfeffer
4 TL scharfer Senf
12 Scheiben Frühstücksspeck (Bacon, 120 g)
4 Essiggurkensticks (140 g, oder 1 Essiggurke längs geviertelt)
2 großzügige Prisen Mehl

FÜR DIE SAUCE

1 große Zwiebel (120 g)
1 kleine Möhre (80 g)
80 g Knollensellerie
3 EL Pflanzenöl
Salz | Pfeffer
1 EL Tomatenmark
300 ml kräftiger Rotwein
1 l Bratenfond (s. S. 182)
1 TL Kartoffelstärke

AUSSERDEM

Küchengarn oder Rouladennadeln

1. Den Toast entrinden und in 4 Streifen schneiden. Thymian waschen und trocken schütteln. Butter in einem Pfännchen erhitzen. Brot und Thymian darin in 2 Min. goldbraun braten. Auf Küchenpapier abtropfen lassen. Möhre waschen, schälen und längs in 8 Stifte schneiden. In kochendem Salzwasser 2 Min. garen. Abgießen, kalt abschrecken und abtropfen lassen. Zwiebeln vierteln.

2. Die Rouladen nebeneinander ausbreiten, salzen und pfeffern. Jeweils mit 1 TL Senf bestreichen und mit 3 Speckscheiben belegen. Im unteren Drittel je 2 Möhrenstifte, 1 Gurke, 4 Zwiebelviertel und 1 Brotstück aufeinanderlegen. Die Längsränder einschlagen und aufrollen. Die Rouladen mit Küchengarn binden.

3. Für die Sauce Zwiebel, Möhre und Sellerie schälen und in 1 cm große Würfel schneiden. Öl in einem Topf (24 cm ø) erhitzen. Die Rouladen salzen, pfeffern und mit Mehl bestäuben. Im heißen Öl bei mittlerer Hitze rundum 6 Min. anbraten. Zwiebel und Gemüse zugeben und 2 Min. mitbraten. Tomatenmark 3 Min. mitrösten. Mit etwas Wein ablöschen und 2 Min. einkochen lassen. Nochmals wiederholen. Restlichen Wein und Bratenfond zugießen und aufkochen lassen. Abgedeckt bei schwacher Hitze etwa 1 Std. 40 Min. köcheln lassen, bis das Fleisch beim Hineinstechen weich ist. Die Rouladen herausnehmen, Garn entfernen und beiseitestellen.

4. Die Sauce offen bei mittlerer Hitze etwa 10 Min. einkochen lassen. Stärke mit etwas kaltem Wasser verquirlen, einrühren und 5 Min. sämig einkochen lassen. Die Sauce mit Salz und Pfeffer abschmecken, nach Wunsch durch ein Sieb passieren.

5. Die Rouladen in der Sauce nochmals aufkochen und bei schwacher Hitze 2–3 Min. ziehen lassen. Auf vorgewärmten Tellern mit breiten Nudeln oder Kartoffelpüree (s. S. 184) servieren.

ALS SCHLOSSHERR *in den Weinbergen um Bordeaux war der französische Schriftsteller, Philosoph und Staatstheoretiker Montesquieu, der die Gewaltenteilung in der Demokratie erdachte, allem zugetan, wozu sich große Rotweine trinken lassen. Bei einer Audienz erhielt er von Papst Benedikt XIII. die huldvolle Erlaubnis, künftig auch an Fastentagen Fleisch essen zu dürfen. Als er danach die entsprechende Urkunde beim päpstlichen Kämmerer abholen wollte, verlangte der einen horrenden Preis für das Privileg. Montesquieu verbeugte sich vor dem Kämmerer und ging ohne das Dokument, aber mit den Worten: »Der Papst ist ein ehrlicher Mann. Gott wird mir auch ohne Urkunde glauben.«*

FILET STROGANOFF

MIT WODKA UND ROTER BETE

Für 4 Personen
ZUBEREITUNG 25 Min.

600 g gut abgelagertes Rinderfilet
50 g Cornichons (aus dem Glas)
1 große Schalotte (60 g)
200 g Champignons
1 kleine gekochte Rote Bete
(70 g, vakuumverpackt)
½ TL schwarze Pfefferkörner
Salz
2 EL Olivenöl
2 EL kalte Butter
400 ml Bratenfond (s. S. 182)
½ TL Kartoffelstärke
1 TL scharfer Senf
2 gehäufte EL Crème fraîche
2 EL Wodka
5–6 Stängel glatte Petersilie

1. Am Filet eventuell verbliebene Sehnen entfernen und das Fleisch in 2 cm große Würfel schneiden. Die Cornichons halbieren und in Streifen schneiden. Die Schalotte schälen und fein würfeln.

2. Die Champignons mit einer Pilzbürste oder mit Küchenpapier abreiben. Die Stielenden abschneiden und die Pilze je nach Größe halbieren oder vierteln. Die Rote Bete in feine Streifen schneiden. Die Pfefferkörner in einem Mörser grob zerstoßen.

3. Die Filetwürfel mit Salz würzen. 1 EL Olivenöl in einer großen Pfanne erhitzen und die Hälfte der Fleischwürfel darin etwa 1 Min. scharf anbraten. Herausnehmen und beiseitestellen. Das restliche Fleisch mit 1 EL Öl ebenso braten. Herausnehmen.

4. 1 EL Butter in der Pfanne erhitzen und die Schalotte darin bei mittlerer Hitze etwa 1 Min. dünsten. Die Champignons zugeben und 2 Min. mitrösten. Mit Bratenfond ablöschen. Die Kartoffelstärke mit etwas kaltem Wasser verquirlen. In die kochende Sauce rühren und 4–5 Min. köcheln lassen. Senf, Crème fraîche und Wodka einrühren. Aufkochen und bei schwacher Hitze 2–3 Min. sämig einkochen lassen.

5. Die Petersilie waschen, trocken schütteln, abzupfen und grob hacken. Die Sauce mit Salz und dem zerstoßenen Pfeffer abschmecken. Die restliche Butter und die Petersilie einrühren. Fleisch, Rote Bete und Gurken unter die Sauce heben und den Filettopf vom Herd nehmen. Mit Kartoffelrösti, Röstkartoffeln (s. S. 185) oder Reis servieren.

DAS GRUNDREZEPT *wird einem Spross der unter Iwan dem Schrecklichen in Sibirien reich und mächtig gewordenen Kaufmannsfamilie Stroganoff zugeschrieben: dem Gourmet und Diplomaten Grigori Graf Stroganoff. Bekannt wurde das Ragout durch den 1903 erschienenen »Guide culinaire« des damaligen Königs der Köche, Auguste Escoffier. Seither wurde es in aller Welt variiert und bereichert – beispielsweise um Rote Bete, an deren Wirkung als Schönheitsmittel angeblich schon die griechische Schönheitsgöttin Aphrodite glaubte.*

OCHSENSCHWANZ

IN BAROLO MIT WURZELGEMÜSE

Für 4–6 Personen
ZUBEREITUNG 3 Std. 45 Min.

3 große Zwiebeln (350 g)
1 große Knoblauchzehe
2,4 kg fleischige Ochsenschwanzknochen (8 Stück à 300 g)
Salz | schwarzer Pfeffer
2 EL Mehl
4 EL Pflanzenöl
2 EL Tomatenmark
50 g Sauerbratengewürz
500 ml kräftiger Rotwein (Barolo)
2 EL Aceto balsamico
1,5 l Bratenfond (s. S. 182)
1 mehligkochende Kartoffel (160 g)
1 kleine Möhre (80 g)
100 g Knollensellerie
80 g Lauchgrün

1. Zwiebeln und Knoblauch schälen. Zwiebeln in 1 cm große Würfel, Knoblauch fein schneiden. Die Fleischstücke von beiden Seiten mit Salz und Pfeffer würzen und in Mehl wenden. Leicht abklopfen.

2. Das Öl in einem großen Topf (32 cm ø) erhitzen und die Fleischstücke darin von jeder Seite 3 Min. scharf anbraten. Aufstellen und die Seiten etwa 2 Min. anbraten. Herausnehmen und beiseitestellen.

3. Die Zwiebeln im Bratfett 2 Min. rösten. Tomatenmark 1–2 Min. mitrösten. Knoblauch und Sauerbratengewürz einstreuen und alles 3 Min. unter Rühren weiterrösten. Mit einem Schuss Rotwein ablöschen und etwa 3 Min. einkochen lassen. Essig zugeben und ebenfalls einkochen lassen. Noch zweimal mit etwas Wein ablöschen und einkochen lassen. Restlichen Wein und Bratenfond zugießen und das Fleisch einlegen. Aufkochen.

4. Die Kartoffel waschen, schälen und fein reiben. In die Sauce rühren. Alles abgedeckt bei schwacher Hitze etwa 3 Std. köcheln lassen, bis der Ochsenschwanz beim Hineinstechen weich ist. Das Gemüse waschen und putzen, Möhre und Sellerie schälen. Mit dem Lauch in 1 cm große Würfel schneiden.

5. Das Fleisch herausnehmen und beiseitestellen. Die Sauce durch ein feines Sieb passieren. In den Topf zurückgießen und aufkochen lassen. Möhre und Sellerie zugeben und 10 Min. sämig einkochen lassen. Den Lauch einstreuen und 2 Min. weiterkochen lassen. Die Sauce mit Salz und Pfeffer abschmecken.

6. Die Ochsenschwanzstücke wieder in die Sauce legen, nach Wunsch das Fleisch vorher vom Knochen lösen. Nochmals aufkochen lassen und auf vorgewärmten Tellern mit breiten Nudeln, Kartoffel-Sellerie-Püree (s. S. 184) oder Weißbrot servieren.

FÜR DIE KLASSISCHE KÜCHE *gehörte der Ochsenschwanz bestenfalls in die Suppe. Aus seinem schlechten Image befreiten ihn erst kreative Köpfe der modernen Küche – auf der Suche nach neuen, preiswerten oder rustikalen Produkten. Und die Gourmets folgten, als sie der kurz gebratenen Filets überdrüssig waren und sich an Mutters Schmortöpfe erinnerten. Wer als Koch mit chirurgischer Geschicklichkeit die dünne und durchaus feine Fleischschicht auslösen kann, wird sie auch köstlich bereichern, zusammenrollen und als gefüllten Ochsenschwanz schmoren. Mit solchen Gerichten aus vermeintlich einfachen Zutaten bewies die moderne Küche, dass auch ohne Prestigeprodukte geschmacklicher Luxus möglich ist.*

UNGARISCHES GULASCH

MIT PAPRIKA UND MAJORAN

Für 4 Personen
ZUBEREITUNG 3 Std. 45 Min.

5 Zwiebeln (500 g)
1 rote Paprikaschote (200 g)
1 gelbe Paprikaschote (200 g)
1,2 kg durchwachsenes Rindfleisch (Schulter oder Wade)
Salz | schwarzer Pfeffer
1 EL edelsüßes Paprikapulver
1 EL rosenscharfes Paprikapulver
1 EL Mehl
3 EL Pflanzenöl
2 EL Tomatenmark
250 ml kräftiger Rotwein
1,2 l Bratenfond (s. S. 182)
1 mehligkochende Kartoffel (200 g)

FÜR DIE WÜRZMISCHUNG

1 EL edelsüßes Paprikapulver
1 kleine Knoblauchzehe
2 Zweige Majoran (oder 2 Prisen getrockneter Majoran)
abgeriebene Schale von ½ Bio-Zitrone
1 Msp. gemahlener Kümmel
1 Msp. Cayennepfeffer

1. Die Zwiebeln schälen und in 1 cm große Würfel schneiden. Paprikaschoten waschen, halbieren, entkernen und weiße Samenwände entfernen. Die Hälften in 1 cm breite Streifen schneiden.

2. Das Fleisch in etwa 5 cm große Stücke schneiden. In einer großen Schüssel mit Salz, Pfeffer und Paprikapulver würzen. Mit Mehl bestäuben und kräftig durchmischen.

3. Das Öl in einem großen Topf (28 cm ø) erhitzen. Die Fleischstücke darin von jeder Seite 2 Min. scharf anbraten. Die Zwiebeln zugeben und 3 Min. mitbraten. Tomatenmark einrühren und bei mittlerer Hitze etwa 10 Min. unter Rühren rösten. Mit einem Schuss Wein ablöschen und etwa 2 Min. einkochen lassen. Den restlichen Wein zugießen und wieder 2 Min. einkochen lassen.

4. Den Bratenfond zugießen. Das Gulasch aufkochen und abgedeckt bei schwacher Hitze 2 Std. schmoren lassen. Die Kartoffel waschen, schälen und fein reiben. Mit den Paprikastreifen ins Gulasch rühren. Noch etwa 1 Std. weitergaren, bis das Fleisch beim Hineinstechen weich ist.

5. Für die Würzmischung das Paprikapulver mit einem Schuss kaltem Wasser verrühren. Knoblauch schälen und möglichst fein hacken. Majoran waschen, trocken schütteln und fein schneiden. Knoblauch, Majoran, Zitronenschale, Kümmel und Cayennepfeffer in die Paprikapaste rühren.

6. Das Gulasch offen noch 10–15 Min. sämig einkochen lassen. Gegen Ende der Garzeit die Würzmischung einrühren und mit Salz und Pfeffer abschmecken. Das Gulasch auf vorgewärmten Tellern mit Salzkartoffeln, Reis oder Nudeln servieren.

WER IN UNGARN GULASCH *(gulyás) bestellt, bekommt Gulaschsuppe, wer unsere Art von Gulasch will, erbitte pörkölt. Es ist hierzulande in Form des Rinds- oder Saftgulaschs beliebt, das Anfang des 19. Jahrhunderts in Wien durch das dort stationierte 39. Ungarische Infanterie-Regiment populär wurde. In der österreichischen Metropole gibt's dies klassische Wirtshausgericht auch in Kaffeehäusern als kleines Gulasch zum Katerfrühstück. Da der Fleischsaft durch Wärme an Sämigkeit und Geschmack gewinnt, schmeckt Gulasch nach jedem Aufwärmen besser.*

RHEINISCHER SAUERBRATEN

MIT ROSINEN UND LEBKUCHEN

Für 4 Personen
ZUBEREITUNG 3 Std.
MARINIEREN 5–6 Tage

2 Zwiebeln (200 g)
1 Möhre (100 g)
100 g Knollensellerie
4–6 Stängel Petersilie
1 EL Zucker
50 ml Rotweinessig
1 TL Wacholderbeeren
1 TL schwarze Pfefferkörner
1 TL Pimentkörner
je 3 Lorbeerblätter und Nelken
500 ml kräftiger Rotwein
1,3 kg abgelagerte Rinderschulter (Flache Schulter, Schaufelstück)
3 EL Pflanzenöl
Salz | schwarzer Pfeffer
2 großzügige Prisen Mehl
2 EL Tomatenmark
1 l Rinderbrühe (s. S. 182)
1 Saucenlebkuchen (50 g)
50 g Rosinen
2 Prisen brauner Zucker

AUSSERDEM
Vakuumbeutel und -gerät (oder großer Gefrierbeutel)

1. Die Zwiebeln schälen. Möhre und Sellerie waschen, putzen und schälen. Alles in 1,5 cm große Würfel schneiden. Petersilie waschen und trocken schütteln.

2. Den Zucker in einem Topf (24 cm ø) hellbraun karamellisieren lassen. Essig zugießen und 1 Min. einkochen lassen. Zwiebeln, Gemüse, Petersilie und Gewürze 2 Min. mitgaren. Mit Wein aufgießen, aufkochen und bei mittlerer Hitze etwa 3 Min. köcheln lassen. Die Marinade vollständig auskühlen lassen. Mit dem Fleisch in den Vakuumbeutel füllen, versiegeln und 5–6 Tage kühl stellen.

3. Das Fleisch aus der Marinade nehmen und trocken tupfen. Die Marinade durch ein Sieb gießen, 400 ml auffangen.

4. Das Öl in einem Topf (24 cm ø) erhitzen. Das Fleisch von beiden Seiten salzen, pfeffern und mit Mehl bestäuben. Im heißen Öl von jeder Seite 2 Min. scharf anbraten. Aufstellen und die Seiten etwa 2 Min. anbraten. Herausnehmen und beiseitestellen.

5. Die abgetropften Gemüse und Gewürze im Bratfett 1 Min. anbraten. Tomatenmark 1–2 Min. mitrösten. Mit etwas Marinade ablöschen und 2 Min. einkochen lassen. Nochmals wiederholen und 5–6 Min. einkochen lassen. Die restliche Marinade und die Brühe zugießen. Das Fleisch einlegen und aufkochen lassen. Lebkuchen grob zerbröseln und einstreuen. Abgedeckt bei schwacher Hitze etwa 2 Std. köcheln lassen, bis das Fleisch beim Hineinstechen weich ist. Herausheben.

6. Die Sauce durch ein feines Sieb passieren und offen etwa 12 Min. sämig einkochen lassen. Rosinen einstreuen und 8–10 Min. mitgaren. Die Sauce mit Salz, Pfeffer und Zucker abschmecken. Das Fleisch nochmals kurz darin erwärmen. Dann in fingerdicke Scheiben schneiden und mit der Sauce auf vorgewärmten Tellern anrichten. Dazu schmecken Spätzle (s. S. 184) oder Kartoffelklöße.

DER KOCHBUCHWÜRDIGE *Rheinische Sauerbraten hat Verwandte in Baden, Schwaben, Franken, Westfalen – und im sächsischen Vogtland. Als sich dort 2002 in der Gemeinde Mylau ein Wirtshausgast weigerte, seinen Vogtländer Sauerbraten zu zahlen, weil der nicht originalgetreu zubereitet sei, kam es zu einem unergiebigen Amtsgerichtsverfahren und zur Gründung eines »Arbeitskreises Deutscher Sauerbraten« im nahen Auerbach, der einen provinziellen Kochwettbewerb ausschrieb. Seither geistern Sauerbraten-Weltmeister durch das Internet und die Werbung einer kulinarischen Leipziger Messe.*

ROSA GEBRATENES ROASTBEEF

MIT SAUCE BÉARNAISE

Für 4 Personen
ZUBEREITUNG 30 Min.
BACKEN 40 Min.

1,2 kg gut abgelagertes Roastbeef
Meersalz | schwarzer Pfeffer
1 EL mittelscharfer Senf
3 EL Pflanzenöl

FÜR DIE SAUCE BÉARNAISE

1 kleine Schalotte (20 g)
150 ml trockener Weißwein
1 Lorbeerblatt
2 angedrückte Wacholderbeeren
1 Pimentkorn
4 schwarze Pfefferkörner
200 g Butter
2 Eigelbe (Größe M)
einige Spritzer Worcestersauce
Salz | Cayennepfeffer
einige Spritzer Zitronensaft
1 Prise Zucker
2 kleine Salbeiblätter
je 1 Zweig Thymian und Estragon
2 Stängel glatte Petersilie
½ Bund Schnittlauch

AUSSERDEM

Bratenthermometer

1. Den Backofen auf 120° (Umluft, Ober-/Unterhitze 140°) vorheizen. Am Fleisch eventuell verbliebene Sehnen entfernen, den Fettrand belassen. Rundum mit Meersalz und Pfeffer würzen und mit Senf bestreichen.

2. Das Öl in einer Pfanne erhitzen und das Fleisch darin 1 Min. scharf anbraten. Wenden und 2 Min. weiterbraten. Die Seiten und Enden ebenfalls etwa 2 Min. anbraten. Herausheben und auf das Ofengitter legen. Das Bratenthermometer seitlich bis zur Mitte ins Fleisch stechen. Das Roastbeef im Ofen (Mitte) in etwa 40 Min. rosa garen, bis die Kerntemperatur 58–60° beträgt.

3. Inzwischen für die Sauce Schalotte schälen und fein würfeln. Mit Wein, Lorbeer, Wacholder, Piment und Pfeffer in einem kleinen Topf (18 cm ø) erhitzen.In 5 Min. auf etwa 50 ml einkochen lassen. Den Sud durch ein feines Sieb gießen und abkühlen lassen.

4. Die Butter bei schwacher Hitze schmelzen lassen. Die Eigelbe mit dem abgekühlten Sud in einer kleinen Metallschüssel (mit rundem Boden) verrühren. Mit Worcestersauce, Salz, Pfeffer und Cayennepfeffer würzen. Über dem heißen Wasserbad mit dem Schneebesen in etwa 3 Min. cremig fest aufschlagen. Die Schüssel vom Wasserbad nehmen und die flüssige Butter langsam unterrühren. Die Sauce mit Zitronensaft und Zucker abschmecken.

5. Salbei, Thymian, Estragon, Petersilie und Schnittlauch waschen und trocken schütteln. Die Blättchen abzupfen. Mit dem Schnittlauch fein schneiden. Die Kräuter unter die Sauce ziehen.

6. Das Roastbeef aus dem Ofen nehmen und kurz ruhen lassen. Aufschneiden, mit Meersalz und Pfeffer bestreuen und mit der Sauce béarnaise servieren. Als Beilage passen Petersilien- oder Röstkartoffeln (s. S. 185). Schmeckt auch kalt sehr fein.

DAS ROASTBEEF *ist typisch englisch, die Béarnaise très français. Das Fleisch aus dem Hinterviertel des Rinds zwischen Hochrippe und Hüfte wird auf der Insel am liebsten mit Yorkshire-Pudding (muskatgewürzter Brei zum Saucetunken) serviert, auf dem Kontinent mit dem geschmacksstarken Saucenklassiker. Über die Herkunft streiten sich die französischen Küchengelehrten: Für die einen kommt sie aus Béarn (französische Pyrenäen), dem Geburtsort des Königs Henri IV. (s. S. 138), für die anderen wurde sie 1836 anlässlich einer Gala im »Pavillon Henri IV« in Saint-Germain-en-Laye bei Paris kreiert, und die dritten fanden das Rezept im 1818 erschienenen Kochbuch »La Cuisinière des villes et des campagnes« – gelobt wird sie einhellig.*

GEKOCHTER TAFELSPITZ

MIT MEERRETTICH

Für 4 Personen
ZUBEREITUNG 4 Std.

1,2 kg Rindertafelspitz
Salz | schwarzer Pfeffer
2 Zwiebeln (200 g)
2 EL Pflanzenöl
3 Markknochen
1 Möhre (150 g)
150 g Knollensellerie
60 g Lauch
1 Tomate (100 g)
1 Knoblauchzehe
4–5 abgezupfte Petersilienstängel
2 Lorbeerblätter
½ TL Wacholderbeeren
½ TL Pimentkörner
1 TL schwarze Pfefferkörner
1 Bund Schnittlauch
½ Stange Meerrettich (etwa 10 cm)

FÜR DIE MEERRETTICHSAUCE

1 große Schalotte (60 g)
2 Scheiben Toastbrot
1 EL Butter
400 ml heiße Rinderbrühe (vom Kochen)
200 g Sahne
2 EL Tafelmeerrettich (aus dem Glas)

1. Das Fleisch mit Salz und Pfeffer würzen. Zwiebeln mit Schale halbieren. Das Öl in einer Pfanne erhitzen. Fleisch und Zwiebeln mit der Schnittfläche nach unten darin etwa 2 Min. braten. Das Fleisch wenden und rundum 1 Min. weiterbraten.

2. Das Fleisch mit den Knochen und 4 l kaltem Wasser in einen hohen Topf (20 cm ø) geben. Aufkochen und etwa 5 Min. sprudelnd kochen lassen. Dabei auftretenden Schaum abschöpfen. Offen bei schwacher Hitze 1 Std. 30 Min. köcheln lassen.

3. Möhre, Sellerie, Lauch und Tomate waschen, schälen und längs halbieren. Knoblauch schälen und halbieren. Gemüse, Tomate, Knoblauch, Petersilie, Lorbeer, Wacholder, Piment, Pfeffer und die geröstete Zwiebel zum Fleisch geben. Alles 2–2 Std. 30 Min. weiterköcheln lassen, bis das Fleisch beim Hineinstechen weich ist.

4. Inzwischen für die Sauce die Schalotte schälen und fein würfeln. Toast entrinden und in kleine Würfel schneiden. Die Butter in einem Topf (20 cm ø) erhitzen und die Schalotte darin bei mittlerer Hitze etwa 3 Min. glasig dünsten. Brühe zugießen, aufkochen und 5 Min. köcheln lassen. Sahne zugießen und 3–4 Min. weiterköcheln lassen. Die Brotwürfel einstreuen und 3 Min. mitkochen. Tafelmeerrettich zugeben und die Sauce mit dem Pürierstab schaumig aufmixen. Salzen.

5. Den Schnittlauch waschen, trocken schütteln und fein schneiden. Die Meerrettichstange waschen, schälen und fein reiben.

6. Das Fleisch aus der Suppe heben und gegen die Faser in fingerdicke Scheiben schneiden. Mit der Meerrettichsauce auf vorgewärmten Tellern anrichten und mit Schnittlauch und geriebenem Meerrettich bestreuen. Mit Wirsingpüree (s. S. 186) und in Butter gebratenen neuen Kartoffeln servieren.

IN DER UNVERGLEICHLICH *ausgeklügelten Schnitttechnik der k. und k. Wiener Metzgereien ist der Tafelspitz jener besonders zarte Teil einer Rinderkeule, der zum Schwanz hin spitzer wird. Er war Lieblingsspeise des kulinarisch nicht weiter erwähnenswerten Kaisers Franz Joseph I., Ehemann der legendären Sissi. Er aß den Tafelspitz auch deswegen so demonstrativ gern, weil er die Rinderzucht seines Landes fördern wollte. Seine Majestät mäkelte kaum bei Tische oder sonstwo, seine Kritik gipfelte in dem netten Satz: »Es war sehr schön, es hat mich sehr gefreut!«*

GEFÜLLTE MILCHKALBSBRUST

MIT SHIITAKEPILZEN

Für 4 Personen
ZUBEREITUNG 1 Std.
BACKEN 3 Std.

2 Brötchen (100 g) | 80 ml Milch
2 Eier (Größe M)
1 Zwiebel (100 g)
1 kleine Möhre (80 g)
1 Stange Staudensellerie (80 g)
½ Zucchino (100 g)
6–8 Stängel glatte Petersilie
100 g frische Shiitakepilze
1 EL Butter
Salz | schwarzer Pfeffer
frisch geriebene Muskatnuss
1,2 kg Milchkalbsbrust (beim Metzger bestellen und eine große Tasche einschneiden lassen)
1 EL Butterschmalz

FÜR DIE SAUCE

2 Zwiebeln (200 g)
3 EL Olivenöl
1 kg klein gehackte Kalbsknochen
2 EL Tomatenmark | 1 EL Mehl
350 ml Roséwein
1,5 l Bratenfond (s. S. 182)
2 EL Sahne
5–6 mittelgroße Salbeiblätter

AUSSERDEM

Küchengarn und Nadel

1. Den Backofen auf 140° (Umluft, Ober-/Unterhitze 160°) vorheizen. Brötchen 1 cm groß würfeln. Milch lauwarm erhitzen und darübergießen. Eier verquirlen und zugeben, nicht verrühren. Zwiebel schälen und fein würfeln. Gemüse waschen, putzen und grob würfeln. Petersilie waschen, trocken schütteln, abzupfen und grob hacken. Pilze putzen, Stiele entfernen und in dicke Scheiben schneiden.

2. Die Butter in einer Pfanne erhitzen. Das Gemüse darin 2 Min. dünsten. Pilze 2 Min. mitbraten. Mit Salz, Pfeffer und Muskat würzen, Petersilie einrühren. Abkühlen lassen. Mit dem Brot mischen, mit Salz, Pfeffer und Muskat würzen. Das Fleisch innen und außen salzen und pfeffern. Die Brotmasse in die Tasche füllen, die Öffnung mit doppeltem Faden zunähen.

3. Für die Sauce die Zwiebeln schälen und 1 cm groß würfeln. Das Butterschmalz in einem großen ovalen Bräter erhitzen. Das Fleisch darin 2 Min. scharf anbraten. Wenden und rundum weitere 2 Min. braten, herausnehmen.

4. Das Öl im Bräter erhitzen. Die Knochen darin bei mittlerer Hitze 8 Min. rösten. Die Zwiebeln 4 Min. mitrösten. Tomatenmark 2 Min. mitbraten. Mit Mehl bestäuben, kurz anrösten. Mit Wein ablöschen, 3 Min. einkochen lassen. Bratenfond zugießen und aufkochen lassen.

5. Die Kalbsbrust einlegen und mit 2 Schöpfkellen Sauce übergießen. Im Ofen (Mitte) offen in etwa 3 Std. weich garen. Dabei mehrmals wenden und mit Sauce begießen.

6. Den Braten herausnehmen, die Sauce durch ein feines Sieb in einen Topf passieren. Mit der Sahne aufkochen und mit dem Pürierstab aufmixen. Salbei waschen, trocknen und grob schneiden. Zur Sauce geben. Diese sämig einkochen lassen und mit Salz und Pfeffer abschmecken.

7. Das Fleisch in Scheiben schneiden und mit der Sauce auf vorgewärmten Tellern servieren. Dazu passen Eierspätzle (s. S. 184) und gemischter Salat.

WIENER BUTTERSCHNITZEL

MIT ANGESCHLAGENER SAHNE

Für 4 Personen
ZUBEREITUNG 20 Min.

8 Kalbsschnitzel (à 60–70 g, aus der Hüfte)
5 Scheiben Toastbrot
2 Eier (Größe M)
2 EL Sahne
1 Msp. abgeriebene Bio-Zitronenschale
2 EL Mehl
Salz | schwarzer Pfeffer
6–8 EL Butterschmalz zum Braten
2 EL Butter

ZUM SERVIEREN
8 Bio-Zitronenscheiben
Preiselbeeren (aus dem Glas)

AUSSERDEM
Gefrierbeutel
Plattiereisen (oder kleiner Stieltopf)

1. Den Gefrierbeutel an den Längsseiten aufschneiden und aufklappen. Die Schnitzel nacheinander zwischen die Folienhälften legen und mit dem Plattiereisen flach klopfen.

2. Das Toastbrot nach Wunsch entrinden und mit Küchenmaschine oder Pürierstab fein zerreiben. Die Brösel in einen tiefen Teller geben. Die Eier in einem tiefen Teller verquirlen. Die Sahne leicht anschlagen. Mit der Zitronenschale ins Ei rühren. Das Mehl in einen Teller streuen.

3. Die Schnitzel von beiden Seiten mit Salz und Pfeffer würzen. Nacheinander in Mehl, dann in Ei und zuletzt in den Bröseln wenden. Die Panierung leicht andrücken.

4. Das Butterschmalz in einer großen oder in zwei mittleren Pfannen erhitzen. Die Schnitzel darin bei mittlerer Hitze 2 Min. braten. Wenden und die zweite Seite 2 Min. braten. Dabei die Pfanne leicht schräg halten und die Oberseite der Schnitzel mit dem Butterschmalz beträufeln. So gehen die Schnitzel schön auf.

5. Die Butter in kleinen Stücken in die Pfanne geben und die Schnitzel noch 2 Min. darin braten. Dabei die Schnitzel immer wieder in der flüssigen Butter wenden.

6. Die Schnitzel aus der Pfanne heben und kurz auf Küchenpapier abtropfen lassen. Portionsweise mit den Zitronenscheiben und den Preiselbeeren anrichten. Mit selbst gemachtem Kartoffel-Endivien-Salat (s. S. 185) servieren.

FELDMARSCHALL *Radetzky lernte 1848, als er in Oberitalien einen Aufstand gegen die österreichische Herrschaft niederschlug, Costolette alla milanese kennen und berichtete begeistert von den panierten und in Butter gebratenen Kalbskoteletts an den Hof in Wien. Dessen Köchinnen verfeinerten das Rezept: flach geklopfte Kalbsnuss statt Kotelett, Semmel- statt Weißbrotbrösel, eine hauchdünne Mehlschicht aufs Fleisch, um die Panade haltbar zu machen – fertig war das weltbekannt werdende Wiener Schnitzel. Die Panade der Mailänder ist übrigens die Arme-Leute-Version alter byzantinischer Prunksucht, delikate Fleischstücke mit Blattgold zu überziehen – das Volk konnte wenigstens goldgelb überbacken.*

ZÜRICHER GESCHNETZELTES

MIT CHAMPIGNONS

Für 4 Personen
ZUBEREITUNG 25 Min.

600 g Kalbsfilet
200 g Champignons
2 kleine Schalotten (80 g)
2–3 Zweige Thymian
einige Estragonblätter
4–6 Stängel glatte Petersilie
1 EL Butterschmalz
Salz | schwarzer Pfeffer
1 EL Butter
1 TL scharfer Senf (z.B. Dijon-Senf)
100 ml trockener Weißwein
300 ml Bratenfond
1 TL Kartoffelstärke
200 g Sahne
1 EL Weinbrand
1 Msp. Currypulver

1. Am Filet eventuell verbliebene Sehnen mit einem scharfen Messer knapp abschneiden. Das Filet in etwa 1 cm dicke Scheiben schneiden und beiseitestellen.

2. Die Champignons mit einer Pilzbürste oder Küchenpapier sauber abreiben. Die Stielenden abschneiden und die Champignons halbieren oder vierteln.

3. Die Schalotten schälen und in feine Würfel schneiden. Thymian, Estragon und Petersilie waschen, trocken schütteln und abzupfen. Thymian und Estragon fein, die Petersilie grob schneiden.

4. Das Butterschmalz in einer großen Pfanne (28 cm ø) erhitzen. Die Filetscheiben hineinlegen, mit Salz und Pfeffer würzen und von jeder Seite 1 Min. scharf anbraten. Herausheben und beiseitestellen.

5. Die Butter in der Pfanne erhitzen und die Schalotten darin bei mittlerer Hitze 2 Min. glasig dünsten. Die Champignons einstreuen und 2 Min. mitbraten. Senf einrühren, Weißwein und Bratenfond zugießen und 1 Min. köcheln lassen.

6. Die Kartoffelstärke mit etwas kaltem Wasser verquirlen, in die kochende Sauce rühren und 2 Min. köcheln lassen. 100 g Sahne einrühren und 1 Min. weiterkochen lassen. 100 g Sahne mit dem Schneebesen halbsteif schlagen.

7. Die Sauce mit Weinbrand, Curry, Salz und Pfeffer abschmecken. Die Filets und die Schlagsahne hineingeben, kurz aufkochen lassen und vom Herd nehmen. Mit den Kräutern bestreuen und noch kurz ziehen lassen. Auf vorgewärmten Tellern servieren. Dazu gibt's ganz klassisch knusprige Kartoffelrösti (s. S. 185).

REZEPTE *für »geschnetzeltes Kalbfleisch« gibt's schon seit über 200 Jahren in österreichischen und seit über 100 Jahren in Schweizer Kochbüchern. Die Verfeinerung mit Rahmsauce und Champignons wird dem großbürgerlichen Zürich zugeschrieben, das das bekannteste Schweizer Gericht als Züri-Gschnätzlets vereinnahmte. Es ist aber landesweit zu haben – traditionsgemäß mit Rösti, die zwar in den Kantonen variieren, aber überall »Rööschti« ausgesprochen werden.*

GEBRATENE KALBSLEBER

MIT RÖSTZWIEBELN UND KARAMELLÄPFELN

Für 4 Personen
ZUBEREITUNG 30 Min.

4 Zwiebeln (400 g)
2 EL Mehl
1 TL edelsüßes Paprikapulver
etwa 250 g Frittierfett

FÜR DIE KARAMELLÄPFEL
2 säuerliche Äpfel (z.B. Jonagold)
1 TL brauner Zucker
1 ½ EL Butter
einige Spritzer Calvados

FÜR DIE LEBER
800 g küchenfertige Kalbsleber in Scheiben
5–6 mittelgroße Salbeiblätter
3 EL Olivenöl
schwarzer Pfeffer
2 EL Mehl
Salz
2 TL Crema di Balsamico (Feinkostregal) und etwas zum Beträufeln
100 ml Bratenfond (s. S. 182)
1 EL kalte Butter

1. Den Backofen auf 80° (nur Ober-/Unterhitze) vorheizen. Die Zwiebeln schälen und mit einem scharfen Messer oder dem Gemüsehobel in feine Ringe schneiden. In einer großen Schüssel Mehl und Paprikapulver mischen, die Zwiebeln darin wenden.

2. Das Fett in einem kleinen hohen Topf erhitzen. Ein Viertel der Zwiebeln darin in 3–4 Min. goldbraun backen. Auf Küchenpapier abtropfen lassen. Mit den restlichen Zwiebeln ebenso verfahren. Die Zwiebeln bis zum Servieren im Ofen (Mitte) warm stellen.

3. Für die Karamelläpfel die Äpfel waschen, schälen und jeweils in 6 Scheiben schneiden. Den Zucker in einer großen Pfanne hell karamellisieren lassen. Butter und Apfelscheiben hineingeben und bei mittlerer Hitze 1 Min. braten. Die Äpfel wenden und 2 Min. weiterbraten. Mit Calvados ablöschen und beiseitestellen.

4. An der Leber eventuell verbliebene Adern und Sehnen entfernen. Die Scheiben in 12 Stücke (à 60–70 g) schneiden. Salbei waschen, trocken tupfen und grob zerzupfen.

5. Das Öl in einer großen Pfanne erhitzen. Die Leber pfeffern, in Mehl wenden und etwas abklopfen. Im heißen Öl bei schwacher Hitze etwa 2 Min. braten. Wenden, Salbei zugeben und 1 Min. weiterbraten. Von beiden Seiten salzen. Crema di Balsamico einrühren und die Leber mehrmals darin wenden. Aus der Pfanne heben.

6. Den Bratenfond in der Pfanne 1 Min. köcheln lassen. Die Butter in kleine Würfel teilen und in die kochende Sauce rühren.

7. Die Karamelläpfel nochmals kurz erhitzen. Leberscheiben, Äpfel und Röstzwiebeln auf vorgewärmten Tellern anrichten. Mit der Sauce und mit Crema di Balsamico beträufeln. Mit Pfeffer übermahlen und mit Kartoffel-Sellerie-Püree (s. S. 184) servieren.

DER »LAROUSSE«, *die Rezeptbibel der klassischen Großen Küche, nennt 40 Stopfleber- und 13 Kalbsleberzubereitungsarten – was mehr über Genussfreude als über Gesundheitsbewusstsein der Franzosen aussagt. Italiener verbinden beides, und so entdeckten sie auch früh den geschmacklichen Nutzen vieler Heilkräuter und Heilpflanzen für die Kochkunst und exportierten ihn. Schon 1539 stand im »Kreütter Buch« von Hieronymus Bock: »Unter allen Stauden ist kaum ein Gewechs über die Salbey, denn es dienet dem Arzte und Koch«. Zum Großeinsatz in Deutschland kamen die würzigen Blätter der rund ums Mittelmeer seit der Antike geschätzten Heilpflanze bei den Kirchweihfesten – in Form von Salbeiküchlein als probates Mittel gegen Kater.*

OSSOBUCO

MIT SALBEI UND GERÖSTETER GREMOLATA

Für 4 Personen
ZUBEREITUNG 2 Std.

4 Kalbsbeinscheiben (à 350–400 g)
3 Zwiebeln (300 g)
1 Kräuterbund (2 Lauchblätter, 2 Lorbeerblätter, 6 abgezupfte Petersilienstängel, 3 Salbeiblätter, 8 Thymianzweige)
3 EL Olivenöl
Salz | schwarzer Pfeffer
1 EL Mehl
1 EL Tomatenmark
300 ml kräftiger Rotwein
750 ml Bratenfond (s. S. 182)

FÜR DIE GREMOLATA
2 Scheiben Toastbrot
1 kleine Knoblauchzehe
2 Zweige Thymian
5 g abgezupfte Petersilienblätter (vom Kräuterbund)
1 EL Butter
1 Msp. abgeriebene Bio-Zitronenschale
Meersalz (z.B. Fleur de Sel)

1. Die Beinscheiben außen mit einem scharfen Messer mehrmals einritzen. Zwiebeln schälen und in 1 cm große Würfel schneiden.

2. Für das Kräuterbund Lauch und Kräuter waschen und trocken schütteln. Die Lauchblätter ausbreiten, Kräuter darauflegen, einrollen und mit Küchengarn binden.

3. Das Olivenöl in einem großen Topf (28 cm ø) erhitzen. Die Beinscheiben von beiden Seiten salzen, pfeffern und mit Mehl bestäuben. Im heißen Öl von jeder Seite 2 Min. scharf anbraten. Herausheben und beiseitestellen. Die Zwiebeln im Bratfett in 3 Min. hellbraun rösten. Tomatenmark 1 Min. unter Rühren mitrösten. Mit einem Schuss Wein ablöschen und 2 Min. einkochen lassen. Noch zweimal wiederholen.

4. Die Beinscheiben wieder einlegen, Bratenfond zugießen und das Kräuterbund zugeben. Aufkochen und abgedeckt 1 Std. 30 Min. schmoren lassen, bis das Fleisch beim Hineinstechen weich ist.

5. Inzwischen für die Gremolata den Toast in feine Würfel schneiden. Knoblauch schälen und fein hacken. Thymian waschen, trocken schütteln, abzupfen. Mit der Petersilie fein hacken.

6. Die Butter in einer Pfanne erhitzen und die Brotwürfel darin in 3 Min. goldbraun braten. Knoblauch, Kräuter und Zitronenschale einstreuen und kurz durchschwenken. Mit Meersalz und Pfeffer würzen, vom Herd nehmen.

7. Die Beinscheiben aus der Sauce heben. Das Kräuterbund entfernen und die Sauce mit dem Pürierstab kurz aufmixen. Das Fleisch wieder in die Sauce legen und aufkochen lassen. Die Beinscheiben mit reichlich Sauce auf vorgewärmten Tellern anrichten und mit der Gremolata bestreuen. Mit frischem Weißbrot servieren.

ZU DEN GÄNGIGEN *kulinarischen Verallgemeinerungen gehört auch, dass es in der italienischen Küche keine richtigen Saucen gäbe. Ossobuco liefert einen Gegenbeweis: den hoch konzentrierten und deshalb so köstlichen Fleischsaft seines Köchelns. Das kuriose Gericht – der Knochen (osso) mit dem Loch (buco) – aus der Lombardei wurde 1475 durch Bartolomeo Platina aktenkundig, den ersten Bibliothekar des Vatikans. Es verhalf Italien mit zu dem Ruf, die besten und meisten Kalbsgerichte zu servieren.*

KALBSRAHMGULASCH

MIT FLUSSKREBSEN UND ROSÉWEIN

Für 4 Personen
ZUBEREITUNG 1 Std. 50 Min.

3 kleine Zwiebeln (250 g)
1,2 kg durchwachsenes Kalbfleisch (Hals oder Schulter)
Salz | schwarzer Pfeffer
1 EL Mehl
3 EL Pflanzenöl
1 EL Tomatenmark
300 ml Roséwein
750 ml Bratenfond (s. S. 182 oder Rinderbrühe)
1 TL Kartoffelstärke
3 große Salbeiblätter
200 g Sahne
1 Stück Bio-Zitronenschale (6–8 cm)

FÜR DIE DEKORATION

150 g Flusskrebsfleisch (Kühlregal)
1 kleiner Zweig Estragon
1 EL Butter

1. Die Zwiebeln schälen und in 1 cm große Würfel schneiden. Das Fleisch in etwa 5 cm große Würfel schneiden, dabei Sehnen und sichtbares Fett belassen. Die Würfel in einer großen Schüssel mit Salz und Pfeffer würzen, mit Mehl bestäuben und gut vermischen.

2. Das Pflanzenöl in einem großen Topf (28 cm ø) erhitzen. Die Fleischwürfel darin 4 Min. scharf anbraten, wenden und 1–2 Min. weiterbraten. Die Zwiebeln 3 Min. mitbraten. Tomatenmark einrühren und 8 Min. weiterrösten. Mit einem Schuss Rosé ablöschen und etwa 4 Min. einkochen lassen. Den restlichen Wein zugießen und ebenfalls 4 Min. einkochen lassen.

3. Den Bratenfond zugießen. Aufkochen und abgedeckt bei schwacher Hitze etwa 1 Std. schmoren lassen, bis das Fleisch beim Hineinstechen weich ist.

4. Die Kartoffelstärke mit einem Schuss kaltem Wasser verquirlen. In die kochende Sauce rühren und 2–3 Min. köcheln lassen. Den Salbei waschen, trocken tupfen und in feine Streifen schneiden. Mit Sahne und Zitronenschale in die Sauce rühren. Diese in 2–3 Min. sämig einkochen lassen.

5. Für die Dekoration die Krebse in einem Sieb kalt abspülen und gut abtropfen lassen. Den Estragon waschen und trocken schütteln. Die Butter in einem Pfännchen erhitzen und Krebse und Estragon kurz darin erwärmen. Mit Pfeffer würzen.

6. Das Gulasch mit reichlich Sauce auf vorgewärmten Tellern anrichten. Mit den Flusskrebsen garnieren und mit Nudeln oder Eierspätzle (s. S. 184) servieren.

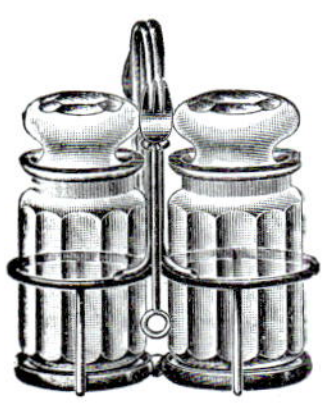

DIESE EDLE VARIANTE *des ungarischen Nationalgerichts kommt selbstverständlich nicht aus einer Gulaschkanone, wie die Landser alsbald den 1892 von Karl Rudolf Fissler in Idar-Oberstein erfundenen transportablen Feldkochherd nannten. Denn er sah von Weitem der Radkanone ähnlich. Eine moderne Feldküche der Bundeswehr bekocht 250 Soldaten. Zivilisten werden häufig bei großen Volks- oder Sportfesten aus Gulaschkanonen verpflegt – zumeist mit Erbsensuppe.*

KNUSPRIGER SCHWEINEBRATEN

MIT KÜMMEL UND JUNGEM SPITZKOHL

Für 4 Personen
ZUBEREITUNG 1 Std.
BACKEN 3 Std. 30 Min.

1 kg klein geschnittene Kalbs- und Schweineknochen
1,8 kg Schweineschulter mit Schwarte (Dicke Schulter)
3 Zwiebeln (300 g)
2 Möhren (200 g)
200 g Knollensellerie
1 Petersilienwurzel (100 g)
2 Knoblauchzehen
Salz | schwarzer Pfeffer
2 TL Kümmel
500 ml heiße Gemüsebrühe
1 l heißer Bratenfond (s. S. 182)
1 TL Kartoffelstärke

FÜR DEN SPITZKOHL

500 g junger Spitzkohl
1 Zwiebel (100 g)
4 EL Pflanzenöl
1 TL brauner Zucker
4 EL Apfelessig
150 ml Gemüsebrühe
2 Prisen Kümmel (ganz oder gemahlen)

1. Den Backofen auf 200° (Umluft, Ober-/Unterhitze 220°) vorheizen. Knochen auf einem Backblech verteilen und im Ofen (Mitte) 50 Min. rösten, dabei gelegentlich wenden. Herausnehmen, den Ofen auf 140° (Umluft, Ober-/Unterhitze 160°) schalten.

2. Inzwischen die Zwiebeln schälen, halbieren und in 4 je Spalten schneiden. Wurzelgemüse waschen, putzen, schälen und grob zerkleinern. Knoblauch schälen, 1 Zehe fein würfeln, 1 Zehe halbieren.

3. Den Braten auf der Fleischseite mit Salz, Pfeffer, 1 TL Kümmel und gehacktem Knoblauch einreiben. Auf die Schwarte in einen Bräter legen. Zwiebeln, Gemüse, Knoblauchhälften und Knochen daneben verteilen. Brühe zugießen und im Ofen (Mitte) 1 Std. 30 Min. garen. Fleisch wenden. Die Schwarte kreuzförmig einritzen. Bratenfond zugießen und das Fleisch in 2 Std. weich garen.

4. Den Kohl waschen, halbieren und in feine Streifen schneiden, dabei den Strunk entfernen. In eine Schüssel geben. Zwiebel schälen und fein würfeln. 2 EL Öl in einem Topf (18 cm ø) erhitzen und die Zwiebel darin glasig dünsten. Mit Zucker bestreuen, 1 Min. hell karamellisieren lassen und mit Essig ablöschen. Brühe zugießen, aufkochen und mit Salz, Pfeffer und Kümmel würzen. Die heiße Marinade über den Kohl gießen. Mischen und mit Salz und Pfeffer abschmecken, 2 EL Öl einrühren.

5. Den Backofen auf Grillfunktion schalten. Den Braten auf das Ofengitter (Mitte) setzen, ein Blech als Tropfschutz unterschieben und in 5 Min. knusprig braun grillen. Knochen entfernen.

6. Sauce und Gemüse in einem kleinen Topf aufkochen, nach Wunsch abfetten. Stärke mit etwas kaltem Wasser verquirlen. Mit 1 TL Kümmel in die Sauce rühren und 3 Min. sämig einkochen lassen. Salzen und pfeffern. Den Braten aufschneiden und mit Krautsalat und Sauce servieren. Dazu schmecken Kartoffelknödel.

IN CHINA *galt es seit jeher als Glücksfall, im Jahr des Schweins geboren zu sein, und in dessen großer Küche, der ältesten der Welt, hatte man gern Schwein. Aus der europäischen Haute cuisine blieb es verbannt. Im Wirtshaus oder bei Muttern daheim einen rechten Schweinsbraten zu bekommen, wurde immer schwieriger, weil die Bonner, Berliner und Brüsseler Agrarpolitik das Borstenvieh zur Sau machte. Mittlerweile werden für die gehobene Küche wieder wohlschmeckende Schweine gezüchtet – allen voran das Egelseer Waldschwein in Österreich und das Eichelmastschwein aus Kastilien.*

LOCKERE FLEISCHPFLANZERL

MIT MÖHREN UND SENF

Für 4 Personen, für 12 Stück
ZUBEREITUNG 20 Min.
BACKEN 20 Min.

2 Brötchen (100 g)
150 ml Milch
1 große Zwiebel (150 g)
1 Möhre (100 g)
1 kleine Stange Staudensellerie (40 g)
6–8 Stängel glatte Petersilie
1 ½ EL Butter + Butter fürs Blech
Salz
2 Eier (Größe L)
500 g gemischtes Hackfleisch (Rind und Schwein)
1 EL mittelscharfer Senf
1 EL grober Senf
2 EL Semmelbrösel
schwarzer Pfeffer
2 Msp. Cayennepfeffer
2 EL Butterschmalz

1. Die Brötchen 1 cm groß würfeln und in eine Schüssel geben. Die Milch lauwarm erhitzen und über die Würfel gießen.

2. Die Zwiebel schälen und fein würfeln. Möhre und Staudensellerie waschen und putzen. Die Möhre schälen, vom Staudensellerie harte Fäden abziehen. Beides fein würfeln. Die Petersilie waschen, trocken schütteln, abzupfen und nicht zu fein hacken.

3. Die Butter in einem kleinen Topf (18 cm ø) erhitzen. Die Zwiebel- und Gemüsewürfel darin etwa 5 Min. glasig dünsten. Leicht salzen und auskühlen lassen.

4. Die Eier mit einer Gabel verquirlen. Das Hackfleisch in einer großen Schüssel mit Gemüse, Petersilie, Eiern, beiden Senfsorten und den Semmelbröseln mischen. Mit Salz, Pfeffer und Cayennepfeffer würzig abschmecken und 10 Min. ruhen lassen.

5. Den Backofen auf 120° (Umluft, Ober-/Unterhitze 140°) vorheizen. Ein Backblech mit Butter fetten. Den Hackteig in 12 Portionen teilen. Diese mit angefeuchteten Händen zu Kugeln formen und etwas flach drücken.

6. Das Butterschmalz in einer großen Pfanne erhitzen und die Fleischpflanzerl darin bei mittlerer Hitze von jeder Seite 2 Min. anbraten. Die Pflanzerl aufs Blech setzen und im Ofen (Mitte) in 20 Min. fertig garen.

7. Die Fleischpflanzerl auf vorgewärmten Tellern anrichten. Dazu schmecken hausgemachte Röstkartoffeln oder Kartoffelsalat (s. S. 185) und frischer Blattsalat. Nach Wunsch noch etwas Bratensauce dazureichen.

DAS BAYERISCHE PFLANZERL *hat nix mit Vegetarischem zu tun, sondern leitet sich vom »Pfanzel«/»Pfannzelte« ab, also dem in der Pfanne Gebratenen. Und das Rezept stammt aus Preußen. Dorthin brachten es die im 17. Jahrhundert aus dem katholischen Frankreich vertriebenen protestantischen Hugenotten mit. Sie nannten die beim französischen Militär übliche Feldkost »boulet« (kleine Kanononkugel), woraus die Preußen Buletten machten. Die Frikadelle anderer deutscher Gegenden (abgeleitet vom italienischen »frittatella«) kann sehr unterschiedlich zubereitet sein, sogar aus Gemüse.*

SPAGHETTI BOLOGNESE

MIT FRISCHEM BASILIKUM

Für 4 Personen
ZUBEREITUNG 2 Std. 30 Min.

1 große Zwiebel (150 g)
1 große Knoblauchzehe
1 Möhre (100 g)
100 g Knollensellerie
3 EL Olivenöl
600 g gemischtes Hackfleisch (Rind und Schwein)
3 EL Tomatenmark
Salz | schwarzer Pfeffer
100 ml kräftiger Rotwein
2 Dosen gehackte Tomaten (à 400 g)
1 Stück Parmesanrinde (30 g)
2 Stängel Basilikum
2 Zweige Oregano (ersatzweise 2 Prisen getrockneter Oregano)
2 Prisen getrocknete Chiliflocken
frisch geriebener Parmesan

FÜR DIE NUDELN

500 g Spaghetti | Salz
2 EL Butter

1. Zwiebel und Knoblauch schälen und fein hacken. Möhre und Sellerie waschen, putzen und schälen. Beides fein würfeln.

2. Das Olivenöl in einem großen Topf (28 cm ø) erhitzen. Das Hackfleisch darin bei mittlerer Hitze 10 Min. anbraten. Zwiebel, Knoblauch und Gemüsewürfel einstreuen und 4 Min. mitbraten. Das Tomatenmark einrühren, mit Salz und Pfeffer würzen und 3 Min. rösten. Mit Rotwein ablöschen und 1 Min. einkochen lassen.

3. Die Tomaten zugeben. Die Dosen mit insgesamt 400 ml Wasser ausschwenken und dieses ebenfalls zur Sauce gießen. Die Parmesanrinde zufügen. Die Sauce aufkochen und abgedeckt bei schwacher Hitze 2 Std. köcheln lassen.

4. Für die Nudeln etwa 15 Min. vor dem Servieren in einem großen Topf reichlich Salzwasser aufkochen lassen. Die Nudeln darin nach Packungsanleitung bissfest garen. In ein Sieb abgießen und abtropfen lassen, nicht abschrecken. Die Butter im Nudeltopf erhitzen und die heißen Nudeln darin schwenken.

5. Basilikum und Oregano waschen, trocken schütteln, abzupfen und grob zerkleinern. Die Sauce mit Salz, Pfeffer und Chiliflocken abschmecken. Die Parmesanrinde herausnehmen, die Kräuter in die Sauce rühren.

6. Die Butternudeln mit der Hackfleischsauce auf vorgewärmten Tellern anrichten. Mit Parmesan bestreuen und servieren.

FALLS IHNEN *jemand unterstellt, Sie würden Boccaccios »Decamerone« nur aus erotischen Gründen lesen, dann verweisen Sie ihn auf die zahlreichen Kräuterpassagen und das tieftraurige, makabre Kapitel der »Fünften Novelle des vierten Tags« über Lisabetta und ihr Basilikum – eine zu Herzen gehende Geschichte. Leichter zu konsumieren ist freilich eine Bolognese. Versteht sich, dass dies Ragù im opulenten Bologna, dessen Küche gern alles zeigt, was es hat und kann, nicht simpel aus Hack, Tomatensaft und Zwiebeln gemacht wird, sondern noch eine schöne Vielfalt an Aromen enthält.*

KÖNIGSBERGER KLOPSE

IM GEWÜRZSUD MIT KAPERNSAUCE

Für 4 Personen, für 16 Stück
ZUBEREITUNG 1 Std. 15 Min.

1 Zwiebel (100 g)
4 Scheiben Toastbrot
3 EL Butter | 80 ml Milch
3 eingelegte Sardellenfilets
6–8 Stängel glatte Petersilie
1 TL Kapern (aus dem Glas)
500 g gemischtes Hackfleisch (Rind und Schwein oder Kalbshack)
1 Ei und 1 Eigelb (beides Größe L)
1 EL Semmelbrösel
Salz | schwarzer Pfeffer
2 Msp. abgeriebene Bio-Zitronenschale
1 Prise getrocknete Chiliflocken
1 Frühlingszwiebel (20 g)
200 g Rote Bete (vakuumverpackt)
1 Prise Zucker

FÜR SUD UND SAUCE

2 l Rinderbrühe
200 ml trockener Weißwein
je 2 Lorbeerblätter und Nelken
1 TL schwarze Pfefferkörner
1 TL Wacholderbeeren
1 Schalotte (50 g)
2 EL Butter | 1 EL Mehl
200 g Sahne
3 TL Kapern (aus dem Glas)

1. Die Zwiebel schälen und fein würfeln. Toast entrinden und 1 cm groß würfeln. 1 EL Butter in einer Pfanne erhitzen und das Brot darin in 3–4 Min. goldbraun braten. In eine Schüssel geben. 1 EL Butter in der Pfanne erhitzen und die Zwiebel darin glasig dünsten. Milch zugießen, aufkochen und über das Brot gießen.

2. Sardellen abspülen und trocken tupfen. Petersilie waschen, trocken schütteln und abzupfen. Beides mit den Kapern fein hacken. Hack, Ei, Eigelb, Brösel, Sardellen, Petersilie, Kapern und Brot mischen. Mit Salz, Pfeffer, Zitronenschale und Chili pikant abschmecken. Die Masse 10 Min. quellen lassen, dann mit angefeuchteten Händen 16 Kugeln formen.

3. Für den Sud Brühe, Wein und Gewürze in einem Topf (24 cm ø) aufkochen. Kräftig salzen und bei schwacher Hitze 15 Min. ziehen lassen. Die Klopse darin 5 Min. leicht siedend kochen, dann offen bei schwacher Hitze 15 Min. ziehen lassen. 600 ml Sud durch ein feines Sieb gießen.

4. Für die Sauce Schalotte schälen und würfeln. Butter in einem Topf (24 cm ø) erhitzen und die Schalotte darin glasig dünsten. Mehl einstreuen und den Sud nach und nach einrühren. Bei schwacher Hitze 10 Min. unter Rühren köcheln lassen. Sahne zugießen und 5 Min. einkochen lassen. Mit Kapern, Salz und Pfeffer würzen.

5. Für die Deko Frühlingszwiebel waschen, putzen, in feine Streifen schneiden und in kaltes Wasser legen. Rote Bete in Spalten teilen. 1 EL Butter in einem Pfännchen erhitzen. Die Rote Bete 1 Min. darin erwärmen, mit Salz und Zucker würzen.

6. Die Sauce mit dem Pürierstab schaumig aufmixen. Die Klopse aus dem Sud heben und mit Sauce, Roter Bete und Frühlingszwiebel anrichten. Dazu gibt's Petersilienkartoffeln oder Reis.

DER KLOPS, *wie zuerst die Ostpreußen einen fleischigen Kloß nannten, ist in seiner Königsberger Version die Verfeinerung der Buletten, Frikadellen und Fleischpflanzerl. Der Legende nach kam eine Köchin aus einem Königsberger Kaufmannshaus vor gut 200 Jahren auf die Idee, Kalbfleisch ins Hack zu geben und die Sauce dazu mit Kapern und Zitrone zu aromatisieren. Kapern sind von typisch preußischer Genügsamkeit: Deren vermutlich aus Asien stammender Strauch mit seinen Dornen, ledrigen Blättern und schmucken Blüten gedeiht selbst auf kargsten Böden – allerdings nur in sonnigen Gegenden.*

SCHINKEN IM BROTTEIG

MIT KÜMMEL, FENCHEL UND KORIANDER

Für 4–6 Personen
ZUBEREITUNG 20 Min.
BACKEN 1 Std. 10 Min.

1 kg fertiger Brotteig (für Sauerteigbrot, beim Bäcker bestellen)
Mehl zum Arbeiten
2–3 Zweige Thymian
½ TL Fenchelsamen
1 kg geräucherter Nussschinken vom Schwein (zum Kochen bzw. Backen, beim Metzger bestellen)
½ TL Kümmel
½ TL Korianderkörner
1 Prise grobes Meersalz (z.B. Fleur de Sel)

AUSSERDEM
Pizza- oder Brotbackstein
Holzstäbchen

1. Den Backofen mit dem Pizzastein auf 220° (Umluft, Ober-/Unterhitze 240°) vorheizen. Den Brotteig auf bemehlter Arbeitsfläche mit dem Nudelholz etwa 1 cm dick zu einem Quadrat (35 x 35 cm) ausrollen.

2. Den Thymian waschen, trocken schütteln und die Blättchen abzupfen. Diese mit den Fenchelsamen fein hacken. Thymian und Fenchel auf den Brotteig streuen. Den Schinken daraufsetzen. Die Teigränder mit Wasser bepinseln und den Schinken mit dem Teig umhüllen.

3. Die Teigoberfläche mit etwas Wasser bepinseln und mit dem Holzstäbchen mehrmals einstechen. Mit Kümmel, Koriander und Meersalz bestreuen.

4. Den Schinken auf den Pizzastein setzen und im Ofen (unten) 35 Min. backen. Den Ofen auf 180° (Umluft, Ober-/Unterhitze 160°) schalten und den Schinken 35 Min. weitergaren.

5. Den Schinken aus dem Ofen nehmen und etwa 5 Min. ruhen lassen. Das Brot mit einem Sägemesser rundum aufschneiden. Den Schinken aus der Brothülle heben und in Scheiben schneiden. Das Brot ebenfalls in Stücke schneiden und mit dem Schinken auf einer großen Platte oder auf Tellern anrichten.

JEDE KULINARISCHE *Nation hat ihre Schinkenspezialitäten, jede bekannte Sorte ihre besonderen Geschmacksnuancen. Die als Vorspeisen und Beilagen geschätzten Rohschinken sind, luftig und kühl hängend, monatelang haltbar; Kochschinken sollen binnen Tagen gegessen werden. Unter den zunächst mehr oder weniger aromenreich gepökelten, kurz geräucherten und dann gekochten Schinken sind die Prager Schinken aus böhmischer Küche, der englische Boiled ham, der französische Jambon cuit, der italienische Prosciutto cotto und der spanische Jamón en dulce am gängigsten und werden zumeist – in Brotkruste, geschmort oder pur – als warmes Hauptgericht serviert.*

ROSA GEGARTE LAMMKEULE

MIT GEWÜRZPASTE UND FENCHEL

Für 4 Personen
ZUBEREITUNG 30 Min.
BACKEN 1 Std. 30 Min.

1 große Knoblauchzehe
1 kleiner Zweig Rosmarin
6–8 Zweige Thymian
1 TL mittelscharfer Senf
½ TL Fenchelsamen
1,2 kg Lammkeule ohne Knochen
Meersalz (z.B. Fleur de Sel)
schwarzer Pfeffer
2 EL Olivenöl

FÜR DAS GEMÜSE

4 Fenchelknollen mit Grün (1 kg)
4 Tomaten (450 g)
4 EL Olivenöl
1–2 Stängel Basilikum

AUSSERDEM

Küchengarn
Bratenthermometer

1. Den Backofen auf 120° (Umluft, Ober-/Unterhitze 140°) vorheizen. Knoblauch schälen. Rosmarin und Thymian waschen, trocken schütteln und abzupfen. Kräuter und Knoblauch fein hacken. Mit Senf und Fenchelsamen mischen. Die Lammkeule von beiden Seiten mit 3 Prisen Meersalz und Pfeffer würzen. Nur auf der Innenseite mit der Gewürzpaste bestreichen. Aufrollen und mit Küchengarn binden.

2. Das Öl in einer großen Pfanne erhitzen. Die Keule darin rundum etwa 5 Min. anbraten. Die Lammkeule auf das Ofengitter setzen und das Bratenthermometer ins Fleisch stecken. Ein Blech als Tropfschutz darunterschieben und die Keule im Ofen (Mitte) in etwa 1 Std. 30 Min. rosa braten, bis die Kerntemperatur des Fleisches 58–60° beträgt. Nicht ganz rosa ist das Fleisch bei etwa 65°, ganz durch bei etwa 80°.

3. Für das Gemüse Fenchel waschen, das Grün abzupfen und beiseitelegen. Die Knollen halbieren, Strunk herausschneiden und die Hälften in 1 cm breite Streifen schneiden. Die Tomaten waschen, vierteln und den Stielansatz entfernen. Die Viertel entkernen und in je 3 Spalten schneiden.

4. Das Öl in einem großen Topf (28 cm ø) erhitzen. Fenchel hineingeben, mit 1 Prise Meersalz würzen und offen bei mittlerer Hitze etwa 12 Min. garen. Dabei gelegentlich umrühren. Die Tomaten unterheben. Basilikum waschen, trocken schütteln und abzupfen. Mit dem Fenchelgrün grob zerkleinern. Das Gemüse mit Meersalz, Pfeffer und den Kräutern würzen. Noch 1 Min. ziehen lassen.

5. Das Fleisch aus dem Ofen nehmen und kurz ruhen lassen. Das Garn entfernen und die Keule mit einem scharfen Messer in fingerdicke Scheiben schneiden. Mit dem Gemüse auf vorgewärmten Tellern anrichten. Nach Wunsch noch mit Meersalz und Pfeffer bestreuen. Mit in Olivenöl gebratenen Kartöffelchen servieren.

DIE KEULE *ist das größte Teilstück des Lamms, sie macht rund 30 % des Schlachtkörpers aus. So köstlich eine perfekt zubereitete Keule auch duftet, selbst sie kann die Deutschen nicht aus ihrer Lamm-Lethargie reißen: Die Bundesbürger essen pro Kopf und Jahr nur rund ein Kilo des von Ernährungsberatern als besonders wertvoll empfohlenen Lebensmittels und rangieren damit im unteren europäischen Drittel. Die meisten Lammkeulen (und Koteletts) werden an Ostern zubereitet – dann lässt sich Deutschland ein Sechstel seines jährlichen Lammbedarfs schmecken.*

GEBRATENE LAMMKARREES

MIT OLIVEN-MANDEL-KRUSTE

Für 4 Personen
ZUBEREITUNG 20 Min.
BACKEN 50 Min.
KÜHLEN 45 Min.

80 g weiche Butter
1 Scheibe Toastbrot
1 Knoblauchzehe
6–8 Stängel glatte Petersilie
4–6 Zweige Thymian
1 kleiner Zweig Rosmarin
4 Oliven mit Mandelfüllung (40 g)

FÜR DAS FLEISCH

4 küchenfertige Lammkarrees (à 250 g, vom Metzger putzen und entsehnen lassen)
1 Prise Meersalz (z.B. Fleur de Sel)
schwarzer Pfeffer
2–3 EL Olivenöl

AUSSERDEM

Backpapier

1. Die Butter mit dem Handrührgerät etwa 5 Min. schaumig schlagen. Das Toastbrot grob zerkleinern und mit Küchenmaschine oder Pürierstab fein reiben. Den Knoblauch schälen und fein hacken. Petersilie, Thymian und Rosmarin waschen, trocken schütteln, abzupfen und fein hacken. Die Oliven fein schneiden.

2. Toastbrösel, Knoblauch, Kräuter und Oliven in die Butter rühren. Die Masse auf einem Bogen Backpapier zu einer Rolle formen, einwickeln und 45 Min. kühl stellen.

3. Für das Fleisch den Backofen auf 80° (nur Ober-/Unterhitze) vorheizen. Die Lammkarrees von beiden Seiten mit Meersalz und Pfeffer würzen.

4. Das Olivenöl in einer großen Pfanne erhitzen. Die Lammkarrees darin bei starker Hitze von jeder Seite 1 Min. scharf anbraten. Das Fleisch auf das Ofengitter setzen und ein Backblech als Tropfschutz darunterschieben. Im Ofen (Mitte) in 40–45 Min. rosa braten. Zur Probe den kleinen Finger und den Daumen einer Hand zusammendrücken, bis sich der Daumenballen verhärtet. Mit dem Zeigefinger der zweiten Hand zuerst auf das gebratene Fleisch und dann auf den Daumenballen drücken. Die Konsistenz des rosa gebratenen Fleisches entspricht etwa dem Ballen.

5. Das Lamm herausnehmen, den Backofen auf Grillfunktion schalten. Die Butter auswickeln, in 12 Scheiben schneiden und auf den Lammkarrees verteilen. Das Fleisch wieder auf das Ofengitter setzen und im Ofen (Mitte) in etwa 5 Min. goldbraun überbacken.

6. Das Lamm aus dem Ofen nehmen und kurz ruhen lassen. Dann aufschneiden und portionsweise z.B. mit Artischocken-Paprika-Gemüse (s. S. 186) servieren.

IN FAST ALLEN *Veröffentlichungen steht, dass ein maximal sechs Wochen altes Milchlamm am zartesten und ein nicht älter als neun Monate altes Weidemastlamm am besten schmeckt. Ehrenwerte Züchter und erfahrene Esser halten dagegen: Nicht das Alter ist entscheidend, sondern die Aufzucht – denn langsam und natürlich gewachsenes Fleisch ist zarter und saftiger als schnell aufgepäppeltes. Der Rücken – ob Karree, Koteletts oder Bratenstücke – bietet den größten Genuss. Von Kennern geschätzt sind auch Steaks oder gekochte Scheiben aus der Schulter.*

GEFLÜGEL & WILD

WIENER BACKHENDL

MIT ANIS

Für 4 Personen
ZUBEREITUNG 25 Min.
BACKEN 10 Min.

4 Hähnchenbrustfilets ohne Haut (à 200 g)
4 Scheiben trockenes Toastbrot
1 TL Anissamen
1 TL getrockneter Majoran
2 Msp. Cayennepfeffer
2 Eier (Größe M)
1 EL saure Sahne
2 EL Mehl
1 TL rosenscharfes Paprikapulver
100 g Butterschmalz
Salz | schwarzer Pfeffer
1 TL Butter
1 Bund krause Petersilie
150 g Frittierfett
4 Bio-Zitronenecken zum Servieren

FÜR DIE SAUCE
2 EL Crème fraîche
2 EL saure Sahne
6 Cornichons (40 g, aus dem Glas)
1 TL Kapern (aus dem Glas)
10–12 Halme Schnittlauch

1. Den Backofen auf 140° (Umluft, Ober-/Unterhitze 160°) vorheizen. Die Brustfilets kalt abspülen, mit Küchenpapier trocken tupfen und schräg halbieren. Das Brot in Stücke schneiden und mit Küchenmaschine oder Pürierstab fein zerreiben. Mit Anis, Majoran und Cayennepfeffer in einem tiefen Teller mischen. In einem zweiten Teller Eier und saure Sahne verquirlen. Mehl und Paprikapulver in einen dritten Teller streuen.

2. Das Butterschmalz in einer großen oder zwei mittleren Pfannen langsam erhitzen. Die Filetstücke mit Salz und Pfeffer würzen. Nacheinander im Mehl, dann im Ei und zuletzt in den Bröseln wenden. Die Brösel etwas andrücken.

3. Die Filets im heißen Schmalz bei mittlerer Hitze in 2 Min. goldbraun braten. Wenden, Butter zugeben und 2–3 Min. weiterbraten. Dabei immer wieder mit dem Bratfett übergießen. Das Fleisch auf das Ofengitter legen, ein Backblech als Tropfschutz darunterschieben und im Ofen (Mitte) in etwa 10 Min. fertig garen.

4. Inzwischen für die Sauce Crème fraîche und saure Sahne verrühren. Cornichons klein würfeln, Kapern fein hacken. Schnittlauch waschen, trocken schütteln und in feine Röllchen schneiden. Alles in die Sauce rühren, mit Salz und Pfeffer abschmecken.

5. Die Petersilie waschen, gut trocken schütteln, abzupfen und nochmals trocken tupfen. Das Frittierfett in einem kleinen hohen Topf erhitzen. Die Petersilie darin in Portionen je 30 Sek. knusprig frittieren. Mit einer Schaumkelle herausheben, auf Küchenpapier abtropfen lassen und leicht salzen.

6. Das Backhendl aus dem Ofen nehmen. Portionsweise mit Sauce, frittierter Petersilie und Zitronenecken anrichten. Als Beilage passt Kartoffel-Endivien-Salat (s. S. 185).

IN IHRER *unnachahmlichen Art, alles verklären zu können, galt den – die Backhendl, die Musik und den Schmäh liebenden – Wienern das ganzjährig angebotene Huhn als heitere Soubrette und die winterliche Gans als hochdramatische Wagner-Sängerin. Auch die weniger musikalischen Wiener kamen auf einen originellen Vergleich: Die sprichwörtliche gute alte Zeit, also das beschauliche Biedermeier, nannten sie gern die »Backhendlperiode«. Vielleicht krähte heut kein Hahn nach dem Hendl, wenn's immer noch traditionell in ordinärem Schweineschmalz gebraten würde.*

COQ AU VIN

MIT SPECK UND EGERLINGEN

Für 4 Personen
ZUBEREITUNG 50 Min.
BACKEN 45 Min.

1 Brathuhn (etwa 1,2 kg)
2 Hühnerkeulen (etwa 570 g)
6 Schalotten (120 g)
1 Möhre (100 g)
1 Petersilienwurzel (100 g)
150 g Knollensellerie
3 EL Olivenöl
Salz | schwarzer Pfeffer
3–4 Prisen Mehl
2 EL Tomatenmark
2 EL Aceto balsamico
500 ml Rotwein + 1 Schuss Rotwein
500 ml Geflügelfond (aus dem Glas)
1 Kräuterbund (2 Lauchblätter, 2 Lorbeerblätter, 6–8 Petersilienstängel, 4 Thymianzweige, s. S. 116)
2 Scheiben Toastbrot
100 g geräucherter Bauchspeck
100 g Egerlinge
1 Frühlingszwiebel (40 g)
1 gehäufter TL Kartoffelstärke
1 EL Butter
1 EL Pflanzenöl
frisch geriebene Muskatnuss

1. Den Backofen auf 170° (Umluft, Ober-/Unterhitze 190°) vorheizen. Das Fleisch kalt abspülen und trocken tupfen. Das Huhn vierteln, Rückgrat entfernen, Keulen abschneiden. Alle Keulen im Gelenk durchtrennen. Schalotten schälen und längs vierteln. Gemüse waschen, putzen, schälen und in kurze Stifte schneiden.

2. Das Olivenöl in einem großen Topf (28 cm ø) erhitzen. Alle Geflügelteile mit Salz und Pfeffer würzen und mit Mehl bestäuben. Im heißen Öl 5 Min. anbraten, dann in 4 Min. rundum goldbraun braten. Herausnehmen. Schalotten und Gemüse im Bratfett 2 Min. anbraten. Tomatenmark 1 Min. mitrösten. Mit Essig und etwas Wein ablöschen, einkochen lassen. Noch zweimal wiederholen. Fond zugießen, Geflügel zugeben und aufkochen lassen. Mit dem Kräuterbund abgedeckt im Backofen (Mitte) in etwa 45 Min. weich schmoren. Dabei gelegentlich wenden.

3. Inzwischen den Toast halbieren. Toast und Speck in 1,5 cm breite Stücke schneiden. Pilze abreiben, putzen und vierteln. Frühlingszwiebel waschen, putzen und schräg in feine Ringe schneiden.

4. Das Huhn aus dem Ofen nehmen und aufkochen. Stärke mit etwas Wein verquirlen. In die Sauce rühren und 2–3 Min. sämig einkochen lassen. Salzen, pfeffern und das Kräuterbund entfernen.

5. Die Butter in einem Pfännchen erhitzen und das Brot darin in 2 Min. goldbraun braten. Auf Küchenpapier abtropfen lassen. Speck und Pflanzenöl in einer kalten Pfanne erhitzen und 4 Min. braten. Wenden, die Pilze einstreuen und 1 Min. mitbraten. Frühlingszwiebel einrühren und 1 Min. weiterbraten. Mit Pfeffer und Muskat würzen.

6. Das Huhn auf vorgewärmten Tellern anrichten, mit Brotwürfeln und Speckpilzen garnieren. Mit gekochten Kartoffeln servieren.

COQ HEISST *im Französischen zwar Hahn (oder Schiffskoch), aber als Coq au vin wird auch in Frankreich schon lange mit dem jeweiligen Wein der Region ein Huhn zubereitet. Es ist auch deswegen so populär, weil der sehr soziale König Henri IV. vor 400 Jahren jedem Untertanen Sonntag mittags ein Huhn im Topf gönnte. Sich selbst gönnte er eine rohe Knoblauchzehe und einen Schluck Armagnac, wenn er als Hahn im Korb fit sein wollte. Das Aphrodisiakum war, wie Heinrichs Ruf bezeugt, sehr wirksam.*

GEFÜLLTE BAUERNENTE

MIT FRISCHEM MAJORAN

Für 4–6 Personen
ZUBEREITUNG 1 Std.
BACKEN 3 Std. 10 Min.

2 junge Bauernenten (à 2 kg)
500 g klein gehackte Entenknochen
1 Zwiebel (100 g)
1 säuerlicher Apfel (250 g)
1 Bio-Orange
3–4 Zweige Majoran
3–4 Stängel glatte Petersilie
Salz | schwarzer Pfeffer

FÜR DIE SAUCE

2 Zwiebeln (200 g)
1 Möhre (100 g)
140 g Knollensellerie
3 Zweige Thymian
2 Zweige Majoran
200 ml kräftiger Rotwein
100 ml roter Portwein
2 EL Pflanzenöl
2 EL Tomatenmark
1,2 l Geflügelfond (aus dem Glas)
1 EL Kartoffelstärke
1 EL Orangenmarmelade

AUSSERDEM

Holzstäbchen

1. Backofen auf 200° (Umluft, Ober-/Unterhitze 220°) vorheizen. Die Enten innen und außen kalt abspülen und trocken tupfen. Untere Flügelknochen und Kragen abschneiden und 5 cm groß hacken. Bürzel abschneiden. Alle Knochen auf einem Blech verteilen und im Ofen (Mitte) 30 Min. braten. Dabei gelegentlich wenden. Herausnehmen, Ofen auf 120° (Umluft, Ober-/Unterhitze 140°) schalten.

2. Inzwischen Zwiebel schälen. Apfel waschen, vierteln und entkernen, Orange heiß waschen. Alles grob würfeln. Majoran und Petersilie waschen, trocken schütteln und zerkleinern. Alles mischen und mit Salz und Pfeffer würzen.

3. Die Enten außen salzen, innen salzen und pfeffern. Mit der Apfelmasse füllen und mit Holzstäbchen verschließen. Auf die Brust in ein tiefes Backblech setzen und 750 ml heißes Wasser zugießen. Im Ofen (Mitte) 1 Std. 10 Min. garen. Wenden und 1 Std. 50 Min. weitergaren, bis das Fleisch beim Hineinstechen weich ist.

4. Inzwischen für die Sauce Zwiebeln schälen. Möhre und Sellerie waschen, putzen und schälen. Alles in 1 cm große Stücke schneiden. Thymian und Majoran waschen und trocken schütteln. Rot- und Portwein mischen.

5. Das Öl in einem Topf (24 cm ø) erhitzen, Gemüse und Zwiebeln darin 3 Min. rösten. Knochen und Tomatenmark 3 Min. mitrösten. Mit etwas Wein ablöschen und einkochen lassen. Noch zweimal wiederholen. Fond und Thymian zugeben, aufkochen und offen bei schwacher Hitze 2 Std. köcheln lassen. Die Sauce durch ein feines Sieb passieren und 5 Min. einkochen lassen. Stärke mit etwas Wasser verquirlen, einrühren und 3 Min. köcheln lassen.

6. Die Enten aus dem Ofen nehmen, Bratfett abgießen. Den Ofen auf Grillfunktion schalten. Enten halbieren, Füllung entnehmen, Rückgrat abschneiden. Die Hälften aufs Blech legen. 1 TL Salz und 4 EL heißes Wasser verrühren. Die Haut damit bepinseln und im Ofen (Mitte) in etwa 10 Min. knusprig backen. Dabei regelmäßig mit Salzwasser bepinseln.

7. Den Majoran abzupfen, fein hacken und mit der Marmelade in die Sauce rühren. Mit Salz und reichlich Pfeffer würzen und zur Ente servieren. Dazu gibt's Kartoffelklöße und Rotkohl.

WEIHNACHTSGANS

MIT BROT, ÄPFELN UND BEIFUSS

Für 5–6 Personen
ZUBEREITUNG 1 Std.
BACKEN 4 Std. 45 Min.

1 Gans (etwa. 4,7 kg)
700 g klein gehackte Gänseknochen
2 große Zwiebeln (250 g)
2 säuerliche Äpfel (à 200 g)
1 Scheibe Schwarzbrot
1–2 Zweige getrockneter Beifuß
½ TL zerstoßener schwarzer Pfeffer
½ TL Kümmel
2 Lorbeerblätter
Salz

FÜR DIE SAUCE

3 Zwiebeln (300 g)
1 Möhre (100 g)
140 g Knollensellerie
2 EL Pflanzenöl
2 EL Tomatenmark
300 ml kräftiger Rotwein
1 gehäufter EL Mehl
1 l Geflügelfond (aus dem Glas)
1 Zweig getrockneter Beifuß
2 Lorbeerblätter
1 TL schwarze Pfefferkörner
½ TL Wacholderbeeren
½ TL Pimentkörner
1 Stück Bio-Orangenschale (6–8 cm)

AUSSERDEM

Holzstäbchen

1. Backofen auf 200° (Umluft, Ober-/Unterhitze 220°) vorheizen. Die Gans innen und außen kalt abspülen und trocken tupfen. Bauchfett abtrennen. Untere Flügelknochen abschneiden, mit dem Kragen klein hacken. Bürzel abschneiden.

2. Alle Knochen auf einem Blech verteilen und im Ofen (Mitte) 30 Min. braten. Dabei gelegentlich wenden. Den Bratensatz mit 200 ml Wasser lösen, beiseitestellen. Den Ofen auf 120° (Umluft, Ober-/Unterhitze 140°) schalten.

3. Zwiebeln schälen. Äpfel waschen, vierteln und entkernen. Beides mit dem Brot grob würfeln. Mit Beifuß, Pfeffer, Kümmel, Lorbeer und Salz würzen. Die Gans innen und außen salzen, mit der Apfelmasse füllen, mit Holzstäbchen verschließen. Auf die Brust in ein tiefes Backblech setzen. Bauchfett auflegen und 1 l heißes Wasser zugießen. Im Ofen (Mitte) 2 Std. 30 Min. garen. Dabei regelmäßig mit der Bratflüssigkeit übergießen. Wenden und 2 Std. weitergaren, bis das Fleisch beim Hineinstechen weich ist.

4. Für die Sauce Zwiebeln schälen. Möhre und Sellerie waschen, putzen und schälen. Alles grob würfeln. Öl in einem Topf (24 cm ø) erhitzen, das Gemüse darin anrösten. Knochen und Tomatenmark 3 Min. mitrösten. Mit etwas Wein ablöschen, einkochen lassen und mit Mehl bestäuben. Noch zweimal wiederholen. Brühe und Bratensatz zugießen. Aufkochen und offen bei schwacher Hitze 1 Std. köcheln lassen. Beifuß und Gewürze einstreuen und 1 Std. weiterköcheln lassen. Die Sauce durch ein feines Sieb passieren. Mit der Orangenschale aufkochen und 5 Min. sämig einkochen lassen.

5. Die Gans aus dem Ofen nehmen, Bratfett abgießen. Den Ofen auf Grillfunktion schalten. Keulen und Brüste abtrennen und aufs Blech legen. 1 TL Salz und 4 EL heißes Wasser verrühren. Das Fleisch damit bepinseln und im Ofen (Mitte) in etwa 15 Min. knusprig backen. Dabei regelmäßig mit Salzwasser bepinseln.

6. Die Stücke herausnehmen, in Portionen schneiden und mit der Sauce auf vorgewärmten Tellern mit Klößen und Rotkohl servieren.

GEBRATENE FASANENBRUST

MIT PORTWEINSCHALOTTEN UND RAHMKRAUT

Für 4 Personen
ZUBEREITUNG 1 Std.

1 Zwiebel (100 g)
500 g Sauerkraut (aus der Dose)
2 EL Pflanzenöl
1 EL Butter
1 EL brauner Zucker
Salz
300 ml trockener Weißwein
200 ml Gemüsebrühe
4 Wacholderbeeren
2 Prisen gemahlener Kümmel
300 g Sahne
schwarzer Pfeffer

FÜR SCHALOTTEN UND FLEISCH
8–9 Schalotten (200 g)
3 TL kalte Butter
1 TL brauner Zucker
200 ml roter Portwein
50 ml Cassis (Johannisbeerlikör)
3–4 Zweige Thymian
1 EL Aceto balsamico
8 Fasanenbrüste ohne Haut (à 80 g)
1 ½ EL Butterschmalz
1 Prise zerstoßener schwarzer Pfeffer

1. Die Zwiebel schälen, vierteln und in feine Streifen schneiden. Das Kraut in einem Sieb kalt abspülen und gut abtropfen lassen.

2. Öl und Butter in einem Topf (24 cm ø) erhitzen. Die Zwiebel darin 4 Min. glasig dünsten. Das Kraut einrühren, mit Zucker und etwas Salz bestreuen und 1 Min. dünsten. Mit Wein und Brühe ablöschen. Wacholder und Kümmel einstreuen. Alles 3 Min. kochen, dann abgedeckt bei schwacher Hitze etwa 40 Min. köcheln lassen. Dabei regelmäßig umrühren. Sahne zugießen und offen noch 10 Min. köcheln lassen. Das Kraut mit Salz und Pfeffer würzen.

3. Inzwischen die Schalotten schälen und je in 8 Spalten schneiden. 1 TL Butter in einem kleinen Topf (20 cm ø) erhitzen. Die Schalotten darin 2 Min. glasig dünsten. Zucker einrühren, mit Portwein und Cassis ablöschen. Thymian waschen und trocken schütteln. 1 Zweig mit dem Essig zur Sauce geben. Offen bei schwacher Hitze 20 Min. köcheln lassen. 100 ml Wasser zugießen und 6–7 Min. weiterköcheln lassen.

4. Das Fleisch kalt abspülen und trocken tupfen. Eventuell verbliebene Sehnen entfernen und von beiden Seiten mit Salz und Pfeffer würzen. Butterschmalz in einer großen Pfanne erhitzen. Die Fasanenbrüste mit dem restlichen Thymian darin bei mittlerer Hitze 1 Min. anbraten. Wenden und ganz kurz weiterbraten. Vom Herd nehmen und 3 Min. in der heißen Pfanne rosa gar ziehen lassen. Dabei immer wieder mit dem Bratfett übergießen.

5. Die Fasanenbrüste nach Wunsch in Scheiben schneiden und auf dem Rahmkraut anrichten. 2 TL Butter in kleine Würfel teilen und in die Schalottensauce rühren. Mit Salz und zerstoßenem Pfeffer abschmecken und über das Fleisch träufeln. Mit Kartoffel-Sellerie-Püree (s. S. 184) servieren.

IM GEGENSATZ *zum deutlich kleineren und ziemlich farblosen Weibchen ist das Männchen aufgrund seines auffällig langen Schwanzes und farbenfrohen Gefieders (bronze bis kupferrot, flaschengrüner Kopf) eine Naturschönheit. Noch prächtiger sieht der in freier Wildbahn sehr seltene Goldfasan aus, der in deutschen Diktaturen als spöttisches Symbol für die mit Orden und Ehrenzeichen behangenen Bonzen herhalten musste. Seit Jahren werden auch in Deutschland die meisten Fasane künstlich aufgezogen und vom 16. Oktober bis 15. Januar zum Abschuss freigelassen.*

GESCHMORTE REHKEULE

MIT STEINPILZEN UND HAGEBUTTENMARK

Für 4 Personen
ZUBEREITUNG 3 Std.

1 Zwiebel (100 g)
1 Möhre (100 g)
150 g Knollensellerie
3–4 Zweige Thymian
1,2 kg ausgelöste Rehkeule
Salz | schwarzer Pfeffer
1 TL gemahlenes Wildgewürz
2 großzügige Prisen Mehl
3 EL Pflanzenöl
2 EL Tomatenmark
500 ml kräftiger Rotwein
1 l Wildfond (aus dem Glas)
1 TL Wacholderbeeren
1 TL schwarze Pfefferkörner
1 TL Kartoffelstärke
2 EL Hagebuttenmark
2 EL Johannisbeergelee
2 EL Sahne

FÜR DIE STEINPILZE

200 g Steinpilze (oder Egerlinge)
2 Stängel glatte Petersilie
2 EL Butter

AUSSERDEM

Küchengarn

1. Die Zwiebel schälen und halbieren. Möhre und Sellerie waschen, putzen und schälen. Alles 1 cm groß würfeln. Thymian waschen und trocken schütteln.

2. Das Fleisch mit Salz, Pfeffer und Wildgewürz würzen. In Form bringen und mit Küchengarn binden. Mit Mehl bestäuben.

3. Das Öl in einem Topf (24 cm ø) erhitzen und das Fleisch darin 2 Min. anbraten. Wenden und rundum weitere 4 Min. braten, herausnehmen. Gemüse und Tomatenmark im Bratfett 2 Min. rösten. Mit einem Schuss Wein ablöschen und 3 Min. einkochen lassen. Noch zweimal wiederholen. Das Fleisch zugeben, Fond zugießen und 3 Min. aufkochen lassen. Mit Thymian, Wacholder und Pfeffer abgedeckt bei schwacher Hitze in etwa 2 Std. weich schmoren.

4. Das Fleisch herausnehmen. Die Sauce durch ein feines Sieb passieren und aufkochen lassen. Stärke einrühren und 20 Min. köcheln lassen. Hagebuttenmark, Johannisbeergelee und Sahne einrühren. Fleisch einlegen, nochmals aufkochen und ziehen lassen.

5. Inzwischen die Steinpilze mit Küchenpapier abreiben. Die Stielenden abschneiden, die Pilze in grobe Stücke teilen. Petersilie waschen, trocken schütteln, abzupfen und grob hacken. Die Butter in einer großen Pfanne erhitzen und die Pilze darin 2 Min. scharf anbraten. Salzen, pfeffern und mit Petersilie bestreuen.

6. Die Rehkeule aus der Sauce nehmen. Das Garn entfernen und das Fleisch in 1 cm dicke Scheiben schneiden. Mit den Steinpilzen und reichlich Sauce auf vorgewärmten Tellern anrichten. Dazu schmecken Eierspätzle oder Semmelknödel und Wirsingpüree (s. S. 184 und 186).

IN VORGESCHICHTLICHER ZEIT, *so schätzt man, ernährten sich die Menschen zu einem Drittel von Wild. Heute isst der Durchschnittsdeutsche jährlich 500 g, macht ganze 5 Mahlzeiten. Am gefragtesten sind Wildschweine, gefolgt von Rehwild. In den zehn Regeln der Deutschen Gesellschaft für Ernährung e. V. über genussvolles und gesundes Essen ist Wild nicht mal erwähnt, wohl aber Glukosesirup und Sojaöl. Reh fällt da sicher unter den Passus »Fleisch in Maßen. Bevorzugen Sie fettarme Produkte.«*

REHRÜCKEN

MIT BLAUSCHIMMELKÄSE

Für 4 Personen
ZUBEREITUNG 2 Std. 50 Min.
BACKEN 30 Min.

1 Rehrücken
(1,5 kg, vom Wildhändler auslösen und die Knochen klein hacken lassen)
Salz | schwarzer Pfeffer
3–4 Prisen gemahlenes Wildgewürz
je 1 EL Butterschmalz und Butter
2–3 Zweige Thymian

FÜR DIE SAUCE
1 Zwiebel (100 g)
1 Möhre (100 g)
150 g Knollensellerie
2–3 Zweige Thymian
2 EL Pflanzenöl
1 TL schwarze Pfefferkörner
2 TL gemahlenes Wildgewürz
3 TL grob zerstoßene Wacholderbeeren
2 Lorbeerblätter
1 EL Mehl | 2 EL Tomatenmark
500 ml kräftiger Rotwein
1 l Wildfond (aus dem Glas)
2 EL Sahne
15–20 g milder Blauschimmelkäse ohne Rinde
1 ½ EL Wildpreiselbeeren (aus dem Glas) + Preiselbeeren zum Servieren

1. Backofen auf 200° (nur Ober-/Unterhitze) vorheizen. Die Knochen auf einem Blech verteilen und im Ofen (Mitte) etwa 30 Min. rösten. Vom Blech nehmen. Bratensatz mit 500 ml Wasser lösen und nochmals 15 Min. im Ofen garen. Den Ofen auf 80° schalten.

2. Inzwischen für die Sauce Zwiebel schälen. Möhre und Sellerie waschen, putzen und schälen. Alles grob würfeln. Thymian waschen und trocknen. Öl in einem großen Topf (28 cm ø) erhitzen und die Knochen darin 2 Min. rösten. Gemüse, Pfeffer, Wildgewürz, 2 TL Wacholder und Lorbeer 2 Min. mitrösten. Mit Mehl bestäuben und kurz weiterrösten. Tomatenmark 2 Min. mitbraten. Mit etwas Wein ablöschen. Noch zweimal wiederholen. 2 Prisen Salz, Thymian, Bratensatz und Fond zugeben. Aufkochen und offen bei schwacher Hitze 2 Std. köcheln lassen.

3. Inzwischen die Rehrückenfilets halbieren und von beiden Seiten mit Salz, Pfeffer und Wildgewürz würzen. Das Schmalz in einer großen Pfanne erhitzen, die Filets darin von jeder Seite 1 Min. scharf anbraten. Seiten ebenfalls anbraten. Auf das Ofengitter legen, ein Backblech als Tropfschutz darunterschieben und im Ofen (Mitte) in etwa 30 Min. rosa garen.

4. Die Sauce durch ein Sieb passieren. Aufkochen und mit 1 TL Wacholder und Sahne 5 Min. sämig einkochen lassen. Nochmals passieren. Käse und Preiselbeeren einrühren, salzen und pfeffern.

5. Thymian waschen und trocken schütteln. Kurz vor dem Servieren die kleinen Rehfilets salzen und pfeffern. Butter in einer Pfanne erhitzen. Filets mit Thymian darin 1 Min. braten. Die Rückenfilets 1 Min. mitbraten. Mehrmals wenden und mit Butter beträufeln.

6. Den Rehrücken aufschneiden und mit der Sauce auf vorgewärmten Tellern anrichten. Mit Kartoffel-Sellerie-Püree (s. S. 184) und Preiselbeeren servieren.

DASS MÄNNER BEUTE *machen mussten, um ihre Familie zu ernähren, ist lange her – aber nicht überall: Noch vor 30 Jahren wurde von den Shanarahua in Peru berichtet, dass die Frauen den Sex verweigerten, wenn die Männer ohne Fleisch von der Jagd heimkamen. Als in unseren Breitengraden die Jagd zum Privileg der Feudalherren wurde, begann man, die größten Wilderer als Volkshelden zu feiern. Rezepte für Wildbret kamen dabei nicht zu Ruhm. Es ist auch noch nicht lange her, dass die Köche zwischen Rehrücken Baden-Baden und Rehmedaillons wechselten und ansonsten bloß mit Wacholderbeeren und Lorbeer statt mit Ideen aus freier Wildbahn würzten.*

WILDSCHWEINRAGOUT

MIT ARMAGNACPFLAUMEN

Für 4 Personen
ZUBEREITUNG 3 Std. 30 Min.

80 g Trockenpflaumen ohne Stein
3 EL Armagnac (oder Weinbrand)
50 g Walnusskerne
1 EL Butter

FÜR DAS RAGOUT
1 große Zwiebel (150 g)
1 Knoblauchzehe
1 kleine Möhre (80 g)
80 g Knollensellerie
1 Petersilienwurzel (80 g)
1 kleiner Zweig Rosmarin
2–3 Zweige Thymian
1,2 kg Wildschweinschulter
Salz | schwarzer Pfeffer
1 TL gemahlenes Wildgewürz
3 Prisen Mehl
3 EL Pflanzenöl
2 EL Tomatenmark
450 ml kräftiger Rotwein
300 ml roter Portwein
1,5 l Wildfond (aus dem Glas)
2 Lorbeerblätter
1 gestrichener TL Lebkuchengewürz

1. Die Pflaumen halbieren und in einem Schälchen mit Armagnac beträufeln. Die Walnüsse klein hacken.

2. Für das Ragout Zwiebel und Knoblauch schälen und in kleine Würfel schneiden. Möhre, Sellerie und Petersilienwurzel waschen, putzen, schälen und ebenfalls klein würfeln. Rosmarin und Thymian waschen und trocken schütteln. Das Fleisch in 2 cm große Würfel schneiden und in eine Schüssel geben. Mit Salz, Pfeffer und Wildgewürz würzen, mit Mehl bestäuben und gut mischen.

3. Das Öl in einem großen Topf (32 cm ø) erhitzen. Das Fleisch darin von jeder Seite 3 Min. braten. Eventuell austretende Flüssigkeit vollständig einkochen lassen. Zwiebel, Knoblauch und Gemüse einstreuen und 2 Min. weiterrösten. Tomatenmark unter Rühren 4 Min. mitrösten.

4. Rotwein und Portwein mischen. Das Fleisch mit einem Schuss davon ablöschen und 4 Min. vollständig einkochen lassen. Noch zweimal wiederholen. Den Wildfond zugießen, aufkochen und offen bei schwacher Hitze etwa 2 Std. köcheln lassen. Kräuter, Lorbeer und Lebkuchengewürz einstreuen und das Fleisch in 50 Min. weich schmoren lassen.

5. Das Fleisch herausheben. Die Sauce durch ein feines Sieb passieren und in den Topf zurückgießen. Das Fleisch hineinlegen und nochmals aufkochen lassen. Mit Salz und Pfeffer abschmecken und je nach Konsistenz sämig einkochen lassen.

6. Kurz vor dem Servieren die Butter in einem Pfännchen erhitzen. Die Pflaumen und Nüsse darin 1 Min. erwärmen. Das Ragout in vorgewärmten tiefen Tellern anrichten und mit den Armagnacpflaumen garnieren. Mit breiten Nudeln servieren.

DAS WOHL ORIGINELLSTE *Wildschwein-Essen der Welt findet Samstag vor Weihnachten am Queen's College in Oxford statt: Für die »Boar's Head Gaudy« wird ein Keilerkopf ausgenommen. Dann wird die Kopfhaut mit Wildschweinfleisch gefüllt, essbar zubereitet, zum Keilerkopf geformt und mit Zunge, Hauern und Ohren versehen – die Augäpfel werden aus harten Eiern, die Pupillen aus Trüffeln nachgebildet. Der Abend beginnt mit dem traditionellen Besingen des Wildschweinkopfs. Bewundernswert an alledem ist gewiss die Arbeit des Kochs als Plastiker …*

HIRSCHGULASCH

MIT KIRSCHWEIN UND GRAPPABIRNEN

Für 4 Personen
ZUBEREITUNG 2 Std. 50 Min.

2 Zwiebeln (200 g)
1 kleine Möhre (100 g)
100 g Knollensellerie
4–5 Zweige Thymian
1,2 kg Hirschschulter
Salz | schwarzer Pfeffer
2 TL gemahlenes Wildgewürz
3 großzügige Prisen Mehl
3 EL Pflanzenöl
2 EL Tomatenmark
3 EL Aceto balsamico
500 ml kräftiger Rotwein
250 ml Kirschwein
(oder roter Portwein)
1 l Wildfond (aus dem Glas)
3 Lorbeerblätter
je 1 TL Pimentkörner, schwarze Pfefferkörner und Wacholderbeeren
1 TL Kartoffelstärke
2 TL Johannisbeergelee

FÜR DIE BIRNEN

2 kleine Birnen (250 g)
1 TL brauner Zucker
1 EL Grappa (ital. Tresterbranntwein)
1 TL Butter

1. Die Zwiebeln schälen und 1 cm groß würfeln. Möhre und Sellerie waschen, putzen, schälen und ebenfalls 1 cm groß würfeln. Thymian waschen und trocken schütteln. Das Fleisch in 6 cm große Würfel schneiden und in eine Schüssel geben. Mit Salz, Pfeffer und Wildgewürz würzen, mit Mehl bestäuben und gut mischen.

2. Das Öl in einem großen Topf (28 cm ø) erhitzen. Das Fleisch darin 3 Min. braten, wenden und 5 Min. weiterbraten. Zwiebeln und Gemüse zugeben und 2 Min. rösten. Tomatenmark unter Rühren 2 Min. mitrösten. Mit Essig ablöschen und 5 Min. einkochen lassen.

3. Rotwein und Kirschwein mischen. Das Fleisch mit einem Schuss davon ablöschen und 5 Min. vollständig einkochen lassen. Noch zweimal wiederholen. Wildfond zugießen und aufkochen lassen. Thymian und Gewürze zugeben und das Fleisch abgedeckt bei schwacher Hitze in etwa 2 Std. weich schmoren.

4. Das Fleisch herausheben. Die Sauce durch ein feines Sieb passieren und in den Topf zurückgießen. Das Fleisch zurückgeben und nochmals aufkochen. Die Kartoffelstärke mit etwas kaltem Wasser verquirlen. Mit dem Johannisbeergelee in die Sauce rühren und 3 Min. sämig einkochen lassen. Mit Salz und Pfeffer abschmecken.

5. Die Birnen schälen, vierteln und das Kerngehäuse entfernen. Die Viertel in Spalten schneiden. Kurz vor dem Servieren in einem Pfännchen den Zucker hellbraun karamellisieren lassen. Die Birnen darin 2 Min. braten. Wenden und 1 Min. weiterbraten. Grappa und Butter einrühren und durchschwenken.

6. Das Ragout in vorgewärmten tiefen Tellern anrichten. Mit den Grappabirnen garnieren und mit Eierspätzle, Semmelknödeln und z. B. Rosenkohl (s. S. 186) servieren.

WER FRÜHER *im christlichen Religionsunterricht aufgepasst hat, erinnert sich noch an den imposanten Hirsch, der den römischen Jäger Placitus fragte: »Warum verfolgst Du mich?« – und dabei erschien der Gekreuzigte im Geweih. Placitus war bekehrt, ließ sich taufen und wurde zum heiligen Eustachius. Und wer mochte später noch jagen, wenn selbst der Schutzpatron der Jäger, St. Hubertus, das Wild in Frieden ließ, und wenn einem »Bambi« im Kino so zu Herzen ging? Das Hautgout genannte Aroma sachgerecht abgehangener Hirsche, Rehe und Fasane machte das Wild auch nicht populärer – von ewig gleichen Beilagen wie Rot- und Rosenkohl, Preiselbeeren und Kroketten ganz zu schweigen. Mit der modernen Küche war die Jagd auf spannendere Wildgerichte eröffnet.*

DESSERTS

BAYERISCH CRÈME

MIT ERDBEERSAUCE

Für 4 Personen
ZUBEREITUNG 20 Min.
KÜHLEN 3 Std.

1 Vanilleschote
3 Eigelbe (Größe M)
3 Blatt weiße Gelatine
50 g Puderzucker
300 g Sahne
4 EL Himbeergeist (oder Kirschwasser)
100 g Erdbeeren für die Dekoration

FÜR DIE ERDBEERSAUCE

300 g Erdbeeren (frisch oder tiefgekühlt)
2 EL Puderzucker
Saft von 1/2 Limette

AUSSERDEM

4 Portionsgläser (oder Tassen)

1. Die Vanilleschote mit einem kleinen scharfen Messer längs aufritzen und das Mark mit dem Messerrücken herausschaben. Mit den Eigelben in eine Rührschüssel geben. Die Schote anderweitig verwenden.

2. Die Gelatine in kaltem Wasser einweichen. Den Puderzucker über die Eigelbe sieben. Beides mit dem Handrührgerät in etwa 3 Min. zu einer cremig festen Masse aufschlagen. Die Sahne nicht zu steif schlagen.

3. Den Himbeergeist in einem kleinen Topf leicht erwärmen. Die Gelatine ausdrücken und unter Rühren darin auflösen. 3 EL Schlagsahne einrühren. Die restliche Schlagsahne behutsam unter die Eigelbmasse heben. Dann die Gelatine unterziehen.

4. Die Creme in Portionsgläser füllen, mit Frischhaltefolie abdecken und mindestens 3 Std. kühl stellen.

5. Für die Erdbeersauce frische Beeren waschen, trocken tupfen und entkelchen. Tiefgefrorene Früchte auftauen lassen. Die Beeren mit Puderzucker und Limettensaft in ein hohes Gefäß füllen und mit dem Pürierstab fein mixen. Das Fruchtpüree durch ein feines Sieb passieren.

6. Die Erdbeeren für die Dekoration waschen, trocken tupfen und entkelchen. Je nach Größe halbieren oder vierteln. Die Bayerisch Crème mit einigen Früchten garnieren und mit etwas Erdbeersauce beträufeln. Die restlichen Beeren unter die Sauce heben und diese zur Crème servieren. Zur Bayerisch Crème schmeckt alternativ auch die Himbeersauce vom Pfirsich Melba (s. S. 178).

IN UNSERER *typischen Bescheidenheit feiern wir Bayern dies Dessert als Crème de la crème. Schließlich wird sie international als Crème bavaroise gewürdigt. Das lässt uns großzügig darüber hinwegsehen, dass die Franzosen sie bloß für eine um Gelatine bereicherte Crème à l'anglaise oder Crème française halten – und die gilt der französischen Gourmet-Bibel »Larousse gastronomique« als »äußerst delikat«. Bei so viel Lob, Gelatine hin oder her, macht es auch gar nix, dass unklar ist, welcher blaublütige Bayer diesseits oder jenseits des Weißwurstäquators zum französischen Namen inspirierte.*

DUNKLE SCHOKOMOUSSE

MIT RUM UND HIPPENBLÄTTERN

Für 4 Personen
ZUBEREITUNG 35 Min.
KÜHLEN 4 Std.

200 g Zartbitterkuvertüre
50 g Zartbitterschokolade (mind. 50 % Kakao)
2 Eier (Größe M)
40 g Zucker
2 EL Rum
250 g Sahne
gemischte Beeren zum Servieren (nach Wunsch)

FÜR DIE HIPPEN
20 g Marzipan
1 Ei (Größe M)
2 EL Sahne
50 g Puderzucker
1 Prise Salz
1 Prise gemahlener Zimt
50 g Mehl

AUSSERDEM
Backpapier
ringförmige Schablone aus Pappkarton (7 cm ø)

1. Die Kuvertüre grob hacken und in einer Metallschüssel über dem heißen Wasserbad langsam schmelzen lassen. Die Kuvertüre glatt rühren, etwas abkühlen lassen. Die Schokolade fein hacken.

2. Die Eier trennen. Die Eiweiße mit 20 g Zucker mit dem Handrührgerät steif schlagen. Die Eigelbe mit Rum und 20 g Zucker mit dem Schneebesen in etwa 3 Min. zu einer cremig festen Masse aufschlagen. Die Sahne nicht zu steif schlagen.

3. Mit dem Schneebesen nacheinander etwas flüssige Kuvertüre, etwas Schlagsahne und etwas Eischnee in die Eigelbmasse rühren. Restliche Kuvertüre, Schlagsahne und Eiweiß nach und nach mit dem Teigschaber behutsam unterheben. Die gehackte Schokolade unterziehen. Die Masse in einen tiefen Behälter füllen, mit Frischhaltefolie abdecken und mindestens 4 Std. kühl stellen.

4. Für die Hippen Marzipan, Ei, Sahne, Puderzucker, Salz und Zimt mit dem Handrührgerät verquirlen. Das Mehl einrühren. Die Masse durch ein Sieb streichen und abgedeckt 30 Min. kühl stellen.

5. Den Backofen auf 180° (Umluft, Ober-/Unterhitze 200°) vorheizen. Zwei Backbleche mit Backpapier belegen. Mit der Schablone aus der Hippenmasse 8 dünne Kreise mit etwas Abstand aufs Blech streichen. Im Ofen (Mitte) in 4–5 Min. goldbraun backen. Die Ofentür öffnen. Mit einer Palette vorsichtig 1 Hippenblatt vom Blech heben und um einen Kochlöffelstiel legen. Kurz abkühlen lassen und abstreifen. Die restlichen Hippen ebenso biegen. Dabei sehr zügig arbeiten. So etwa 25 Hippen zubereiten.

6. Von der Schokoladenmousse mit einem Löffel Nocken abstechen, dabei den Löffel immer wieder in heißes Wasser tauchen. Die Nocken auf Desserttellern anrichten. Mit Hippenblättern garnieren.

ALS DER BLUTRÜNSTIGE *spanische Eroberer Hernando Cortez 1519 bei den Azteken das Gebräu »Xocolatl« kennenlernte, war das schlicht »herbes Wasser«. Dies Gebräu aus zerstampften Kakaobohnen, Chili, Honig und Maismehl wurde am spanischen und englischen Hof zur Trinkschokolade weiterentwickelt: Chili wich Zucker und Vanille, Maisschleim der Milch. Die Beliebtheit des Kakaotrinkens leiteten die Klöster ein, den Siegeszug der Schokoladendesserts ermöglichten 1875 die Schweizer Henri Nestlé und Daniel Peter mit ihrer Erfindung der Milchschokolade. Dass Schokolade im Körper Glückshormone auslöse, ist nur ein gern verbreitetes Gerücht.*

BIRNE HÉLÈNE

MIT SCHOKOLADENCANACHE UND BIRNENGELEE

Für 4 Personen
ZUBEREITUNG 1 Std.
KÜHLEN 3 Std.

1/2 Vanilleschote
4 EL Zucker (80 g)
250 ml trockener Weißwein
2 Nelken
1/2 Zimtstange
Saft von 1/2 Zitrone
2 große Birnen (à 240 g)
4 Kugeln Vanilleeis zum Servieren

FÜR GELEE UND CANACHE

6 Blatt weiße Gelatine
500 ml Birnensud (vom Kochen)
100 g Sahne
1 EL Butter
1 EL Zucker
60 g Vollmilchkuvertüre
60 g Zartbitterkuvertüre
1 EL Birnenbrand

AUSSERDEM

Backpapier
kleiner Kugelausstecher
Eiswürfelbehälter oder Motiv-Silikonform (z.B. Sterne)

1. Die Vanilleschote mit einem kleinen scharfen Messer längs aufritzen und das Mark mit dem Messerrücken herausschaben. Aus Backpapier einen Kreis (20 cm ø) schneiden.

2. Den Zucker in einem Topf (20 cm ø) hellbraun karamellisieren lassen. Mit Wein und 500 ml Wasser ablöschen. Nelken, Zimt und Zitronensaft zugeben und aufkochen lassen.

3. Die Birnen schälen, längs halbieren und das Kerngehäuse mit dem Kugelausstecher entfernen. Die Hälften in den Sud legen und aufkochen lassen. Mit dem Papierkreis abdecken, damit sie sich nicht verfärben. Bei schwacher Hitze in etwa 30 Min. weich garen. Den Gargrad der Birnen dabei mehrmals mit einem Holzstäbchen prüfen. 500 ml Birnensud durch ein Sieb in einen kleinen Topf gießen, die Birnen im Topf auskühlen lassen.

4. Für das Gelee die Gelatine in kaltem Wasser einweichen. Etwas ausdrücken und im heißen Birnensud auflösen. Den Sud leicht abkühlen lassen. Den Eiswürfelbehälter ohne Einsatz mit Frischhaltefolie auslegen, den Sud einfüllen und 2–3 Std. kühl stellen.

5. Für den Canaché kurz vor dem Servieren Sahne, Butter und Zucker in einem Topf (18 cm ø) aufkochen lassen. Beide Kuvertüresorten fein hacken und in der heißen Sahne auflösen. Die Sauce vom Herd nehmen und mit einem Kochlöffel glatt rühren. Birnenbrand unterziehen.

6. Das Gelee auf ein Brett stürzen, die Folie abziehen. Das Gelee mit einem scharfen Messer in Würfel schneiden.

7. Die Birnen aus dem Sud nehmen und auf Küchenpapier etwas abtropfen lassen. Die Birnen mit Vanilleeis, Schokosauce und Geleewürfeln auf Desserttellern anrichten. Mit Vanillesahne servieren.

DER SOPRANISTIN *Nellie Melba widmete er ein Pfirsich-, der Schauspielerin Sarah Bernhardt ein Erdbeerdessert; außerdem ist es gut möglich, dass er Mademoiselle Suzette, der Freundin eines englischen Kronprinzen, die bekannten Crêpes kreierte: Auguste Escoffier, der »König der Köche«, ließ sich gern von Frauen inspirieren. Und als Jacques Offenbachs 13. Operette 1864 in Paris uraufgeführt wurde, war auch Escoffier so begeistert, dass er eine delikate Birne für »Die schöne Helena« komponierte.*

ROTE GRÜTZE

MIT PERLSAGO UND INGWER

Für 4 Personen
ZUBEREITUNG 1 Std.

2 dünne Scheiben frischer Ingwer
1 Vanilleschote
80 g Zucker
200 ml kräftiger Rotwein
800 ml Kirschsaft
70 g Perlsago
2 Stück Bio-Orangenschale (à 8 cm)
2 Stück Bio-Zitronenschale (à 8 cm)
150 g frische Kirschen
100 g frische Erdbeeren
60 g Rote Johannisbeeren
100 g frische Heidelbeeren
100 g frische Himbeeren
100 g frische Brombeeren
(alternativ: TK-Früchte)

AUSSERDEM
Kirschentsteiner

1. Die Ingwerscheiben schälen. Die Vanilleschote mit einem kleinen scharfen Messer längs aufritzen und das Mark mit dem Messerrücken herausschaben.

2. Den Zucker in einem Topf (20 cm ø) hellbraun karamellisieren lassen. Mit Rotwein ablöschen und 2 Min. einkochen lassen. Kirschsaft und Sago einrühren, aufkochen lassen.

3. Ingwer, Vanilleschote und -mark, Orangen- und Zitronenschale zugeben. Alles offen bei schwacher Hitze etwa 45 Min. köcheln lassen, bis die Sagokügelchen durchsichtig und weich sind. Dabei gelegentlich umrühren.

4. In der Zwischenzeit die Kirschen und Beeren behutsam waschen, putzen, verlesen und auf Küchenpapier abtropfen lassen.

5. Die Kirschen entsteinen. Die Erdbeeren entkelchen und je nach Größe halbieren oder vierteln. Die Johannisbeeren mit einer Gabel von den Rispen streifen. Die Früchte vorsichtig in die Grütze rühren. Die Grütze auskühlen lassen.

6. Ingwer, Vanilleschote und Zitrusschalen entfernen. Die Grütze in Portionsgläser, Schalen oder Tassen füllen und servieren. Nach Wunsch noch mit frischer Sahne, Dickmilch oder Naturjoghurt beträufeln. Die Grütze kann schon am Vortag zubereitet werden, dann 30 Min. vor dem Servieren aus dem Kühlschrank nehmen.

KÄME DIE ROTE GRÜTZE *aus Frankreich, hieße sie klangvoll Bouillie de gruau rouge. Auch die Dänen (und deren friesische Nachbarn), die diese Süßspeise wohl zu Recht als ihre Erfindung beanspruchen, gaben ihr einen schön lautmalerisch klingenden Namen – wenn man ihn aussprechen kann. Kommt Ihnen rød grød med fløde so vergnüglich über die Lippen, wie Rote Grütze mit flüssiger Sahne sein kann? Restaurants und Hobbyköche servieren sie übrigens immer öfter mit ganzen Früchten, um sich mit dieser Abweichung vom traditionellen Rezept von industriell hergestellter roter Grütze abzuheben.*

TIRAMISU

MIT AMARETTO

Für 4 Personen
ZUBEREITUNG 20 Min.
KÜHLEN 4 Std.

3 Eigelbe (Größe M)
1 1/2 EL Puderzucker
300 g Mascarpone (ital. Frischkäse)
2 EL Kaffeecremelikör
2 Eiweiße (Größe M)
1 Prise Salz
1 EL Zucker
150 g Sahne
150 ml Espresso (oder starker Kaffee)
3 EL Mandellikör (z.B. Amaretto)
18 Löffelbiskuits (etwa 160 g)
1 EL Kakaopulver

AUSSERDEM
quadratische Form (18 x 18 cm)

1. Die Eigelbe mit dem Puderzucker in einer Schüssel mit dem Handrührgerät etwa 3 Min. schaumig schlagen. Den Mascarpone und den Kaffeecremelikör einrühren.

2. Die Eiweiße mit Salz in einer sauberen Schüssel mit dem Handrührgerät leicht anschlagen. Den Zucker einrieseln lassen und zu steifem Schnee schlagen. Die Sahne ebenfalls steif schlagen. Eischnee und Schlagsahne abwechselnd mit einem Teigschaber unter die Mascarponecreme heben.

3. Espresso und Mandellikör in einem tiefen Teller mischen. Die Hälfte der Löffelbiskuits nebeneinander in die Form legen und mit der Hälfte der Kaffeemischung bepinseln.

4. Die Hälfte der Mascarponecreme darauf verteilen. Die restlichen Biskuits kurz in der Kaffemischung wenden und nebeneinander auf die Creme legen. Die restliche Mascarponecreme aufstreichen.

5. Das Tiramisu mit Kakao bestäuben, mit Frischhaltefolie abdecken und mindestens 4 Std. oder über Nacht durchziehen lassen.

6. Zum Servieren das Tiramisu mit einem langen Messer in vier Portionsstücke schneiden. Das Messer dabei immer wieder in heißes Wasser tauchen, so werden die Schnittflächen schön glatt.

7. Die Tiramisustücke mit einer Palette oder einem großen Löffel aus der Form heben und auf Desserttellern servieren. Bei einem perfekten Tiramisu sind die Löffelbiskuits noch gut erkennbar und nicht ganz durchgeweicht.

DEN ERFOLG *der bekanntesten Nachspeise des dessertarmen Italiens reklamieren viele Regionen für sich: das Piemont wegen der Löffelbiskuits, die Lombardei wegen des Amaretto und Mascarpone, die Toskana wegen ihrer für Herzog Cosimo III. Medici kreierten »Zuppa del duca« und alle weiteren Touristengegenden wegen ihres Espresso-Umsatzes … Spaß beiseite: Schon der Name Tiramisù (zieh mich hoch, mach mich munter) deutet auf jene clevere Mixtur aus Dolce vita und Marketing, die in den 1960er-Jahren den fantasievollen Köchen der italienischen Nobellokal-Kette »El Toulà« einfiel.*

CRÊPES SUZETTE

MIT FLAMBIERTEN ZITRUSFRÜCHTEN

Für 4 Personen
ZUBEREITUNG 35 Min.
QUELLEN 30 Min.

3 EL Butter
100 g Mehl
170 ml Milch
1 Prise Salz
1 EL Zucker
3 Eier (Größe M)
1 Eigelb (Größe M)
2 EL Pflanzenöl zum Braten

FÜR DIE FRUCHTSAUCE

4 Orangen
4 Mandarinen
100 ml Orangen- und Mandarinensaft (zum Filetieren)
3 EL kalte Butter
2–3 TL brauner Zucker
4 EL Orangenlikör
2 TL Orangenmarmelade

ZUM SERVIEREN

4–8 Kugeln Vanilleeis

AUSSERDEM

lange Zündhölzer

1. Die Butter schmelzen und leicht abkühlen lassen. Mehl, Milch und 60 ml Wasser mit dem Schneebesen zu einem glatten Teig verrühren. Salz, Zucker, Eier und Eigelb einrühren, die flüssige Butter unterziehen. Den Teig abgedeckt 30 Min. quellen lassen.

2. Für die Fruchtsauce die Orangen und Mandarinen mit einem scharfen Messer dick schälen. Dabei die weiße Haut vollständig mit entfernen. Über einer Schüssel die Filets zwischen den Trennhäutchen herausschneiden, den Saft auffangen. 100 ml Saft beiseitestellen. Butter klein würfeln und wieder kühl stellen.

3. Den Teig nochmals durchrühren. Eine kleine Pfanne (16 cm ø) erhitzen und mit etwas Öl auspinseln. Eine kleine Schöpfkelle Teig hineingießen. Dabei die Pfanne leicht schräg stellen, den Teig von oben eingießen und durch Schwenken auf dem Boden verteilen.

4. Die Crêpe 30 Sek. backen. Wenden, den Pfannenrand wieder mit etwas Öl bepinseln und kurz weiterbacken. Die fertige Crêpe auf einen Teller gleiten lassen und zu einem Viertel zusammenklappen. Den restlichen Teig ebenso verarbeiten.

5. In einer großen oder zwei mittleren Pfannen 2 EL Butterwürfel erhitzen. Die gefalteten Crêpes nebeneinander hineinlegen. Mit der Hälfte Zucker bestreuen und bei mittlerer Hitze kurz braten. Die Crêpes wenden, mit dem restlichen Zucker bestreuen und hell karamellisieren lassen.

6. Den Likör in eine Schöpfkelle gießen, anzünden und über die Crêpes träufeln. Die Pfanne etwas schwenken, Zitrussaft und Marmelade einrühren. Aufkochen und die Crêpes mehrmals in der Marinade wenden. Restlichen Butterwürfel und Fruchtfilets einstreuen. Nochmals durchschwenken und vom Herd nehmen. Die Crêpes mit Sauce und Vanilleeis auf Tellern anrichten. Sofort servieren.

WAR'S 1896 IM »CAFÉ DE PARIS« *in Monte Carlo oder zwei Jahre später im Pariser »Ritz«? War das Flambieren Folge einer Unachtsamkeit des Kochlehrlings Henri Charpentier im Umgang mit dem Cognac oder wohldurchdachte Effekthascherei des Kochgenies Auguste Escoffier? Um die Erfindung dieses Desserts ranken sich unterschiedliche Anekdoten. Aber immer dabei sind der damalige englische Kronprinz Edward und sein süßes Betthupferl Suzette. Die Crêpes selbst wurden vor 600 Jahren in der Bretagne geboren – und können immer noch knusprig sein.*

CRÈME BRÛLÉE

MIT VANILLE UND ZIMT

Für 4 Personen
ZUBEREITUNG 15 Min.
BACKEN 30 Min.

5 Eigelbe (Größe M)
40 g Zucker
2 Vanilleschoten
200 g Sahne
200 ml Milch
1 Prise gemahlener Zimt
6–8 TL brauner Zucker

AUSSERDEM
Backpapier
4 flache ofenfeste Portionsförmchen (12 cm ø, etwa 100 ml Inhalt)
Bunsenbrenner (Haushaltswarengeschäft)

1. Den Backofen auf 120° (Umluft, Ober-/Unterhitze 140°) vorheizen. Eigelbe und Zucker mit dem Schneebesen glatt verrühren. Die Vanilleschoten mit einem kleinen scharfen Messer längs aufritzen und das Mark mit dem Messerrücken herausschaben.

2. Sahne und Milch in einem Töpfchen mischen. Vanilleschoten und Vanillemark zugeben und aufkochen lassen. Zimt einstreuen.

3. Die Vanillesahne durch ein Sieb langsam in die Eigelbmasse rühren. Dabei nicht schlagen, damit sich keine Luftbläschen bilden.

4. Ein Backblech mit Backpapier belegen. Die Portionsförmchen daraufstellen und die Vanillemilch einfüllen. Das Blech in den Backofen (Mitte) schieben. Heißes Wasser ins Blech gießen, bis die Förmchen etwa zur Hälfte im Wasser stehen. Die Creme 25–30 Min. garen, bis sie eine puddingartige Konsistenz hat.

5. Das Blech aus dem Ofen nehmen, die Förmchen aus dem Wasser heben und die Creme vollständig auskühlen lassen.

6. Den Zucker gleichmäßig, aber nicht zu dick auf die Oberfläche der Creme streuen. Mit dem Bunsenbrenner hellbraun karamellisieren. Kurz stehen lassen, bis die Zuckerschicht kross wird.

7. Die Crème brûlée pur oder nach Geschmack und Saison mit einigen frischen Beeren, Feigen, Mangospalten, Bananenscheiben oder Orangenfilets servieren.

BEI EINEM ESSEN *mit seinem Jugendfreund König Juan Carlos von Spanien im Restaurant »Le Goût d'Avignon« in Barcelona fand Sirio Maccioni, Patron des New Yorker Promi-Lokals »Le Cirque«, 1982 die servierte Crema Catalana zu eihaltig und die Zuckerkruste, die mit einem kleinen silbernen Hammer zerschlagen wurde, zu dick. Daheim bat er Ehefrau Egidiana, eine begabte Köchin, das Rezept zu verbessern. Das Ergebnis gefiel bald darauf Paul Bocuse bei einem New-York-Besuch so gut, dass er es als Crème brûlée Sirio auf seine Karte setzte – und damit weltbekannt machte.*

APFELSTRUDEL

MIT WALNÜSSEN UND MANDELN

Für 4–6 Personen
ZUBEREITUNG 40 Min.
RUHEN 4 Std.
BACKEN 50 Min.

150 g Mehl + Mehl zum Arbeiten
1 TL Zucker | 1 Prise Salz
1 Ei (Größe M)
2 EL Pflanzenöl
1 TL Butterschmalz für die Form
Puderzucker zum Bestäuben

FÜR DIE FÜLLUNG

1 kg säuerliche Äpfel (z.B. Boskop)
Saft von 1 Zitrone
2 EL Zucker
2 Msp. gemahlener Zimt
40 g Rosinen
3 EL Rum
60 g Walnusskerne
1 Vanilleschote
5 EL Butter
50 g Puderzucker
100 g gehäutete Mandelstifte
4 Löffelbiskuits (etwa 30 g)

AUSSERDEM

Backpapier
Auflaufform oder Bratenreine (18 x 30 cm)

1. Mehl, Zucker und Salz mischen. Ei, Öl und 2 EL lauwarmes Wasser verrühren. Langsam zum Mehl gießen und alles mit den Knethacken des Handrührgeräts in etwa 15 Min. zu einem glatten Teig verkneten. In Frischhaltefolie wickeln und 4 Std. oder über Nacht kühlen.

2. Für die Füllung die Äpfel schälen, halbieren, entkernen und knapp 2 cm groß würfeln. Mit Zitronensaft, Zucker und Zimt mischen. Rosinen mit Rum beträufeln. Walnüsse grob hacken. Vanilleschote längs aufritzen und das Mark herausschaben.

3. In einem Pfännchen 2 EL Butter erhitzen. Puderzucker darin bei mittlerer Hitze 1 Min. hell karamellisieren lassen. Nüsse, Mandeln und Vanillemark einrühren und in 2–3 Min. hellbraun rösten. Die Masse auf Backpapier gießen, glätten und auskühlen lassen.

4. Den Karamell mittelfein hacken. Mit den Rumrosinen unter die Äpfel heben. Die Biskuits in einen Gefrierbeutel füllen und mit dem Nudelholz fein zerdrücken. Den Backofen auf 170° (Umluft, Ober-/Unterhitze 190°) vorheizen. Die Form mit Butterschmalz fetten.

5. 3 EL Butter schmelzen. Den Teig auf bemehlter Arbeitsfläche kurz durchkneten und halbieren. Die Hälften möglichst dünn zu Rechtecken (etwa 35 x 30 cm) ausrollen. Eine Teigplatte auf ein Küchentuch heben. Dünn mit Butter bepinseln und mit der Hälfte der Brösel bestreuen. Die Hälfte der Füllung auf dem unteren Drittel verteilen. Den Teig mithilfe des Tuches vorsichtig aufrollen, die Enden umklappen und in die Form legen. Den zweiten Strudel ebenso zubereiten.

6. Die Strudel mit Butter bepinseln und im Ofen (Mitte) in etwa 50 Min. goldbraun backen. Dabei mehrmals mit Butter bestreichen. Leicht abgekühlt mit Puderzucker bestäuben. In Portionsstücke schneiden und mit Vanilleeis oder -sauce (s. S. 174) servieren.

DER VERMEINTLICH *urwienerische Strudel ist ein türkisches Besatzungskind. Er kam aus Ungarn, das die Osmanen bis 1586 besetzt hatten, in die österreichische Hauptstadt. Und zwar perfekt, denn erstens eignete sich das ungarische Mehl wegen seines hohen Kleber-Anteils für einen dünnen und elastischen Teig, zweitens hatten die ungarischen Köchinnen gelernt, ihn so dünn auszuziehen, dass sie einen darunterliegenden Liebesbrief lesen konnten. Zwar lässt sich ein Strudel – wie außer den Türken auch schon die Araber wussten – mit fast allem füllen, aber die Wiener Süßmäuler verfielen dem säuerlichen Apfel, weil sich dieses Sündenfallobst so schön mit Zucker, Zimt und Rosinen vereint.*

KAISERSCHMARRN

MIT ZWETSCHGENRÖSTER

Für 2 Personen
ZUBEREITUNG 50 Min.
BACKEN 35 Min.

250 g Zwetschgen
½ Vanilleschote
1 ½ EL brauner Zucker
1 frisches Lorbeerblatt
2 dünne Scheiben frischer Ingwer
1 Stück Bio-Zitronenschale (etwa 6 cm)
1 Stück Bio-Orangenschale (etwa 6 cm)
1 kleines Stück Zimtstange

FÜR DEN KAISERSCHMARRN

40 g Rosinen
2 EL Rum
3 Eier (Größe M)
50 g Mehl
100 ml Milch
2 ½ EL Sahne
1 Prise Salz
1 EL Zucker
2 ½ EL Butter
1 EL Puderzucker
20 g Mandelblättchen
Puderzucker zum Bestäuben

AUSSERDEM

ofenfeste Backform

1. Die Zwetschgen waschen, halbieren und entkernen. Vanilleschote längs aufritzen und das Mark herausschaben. Zwetschgen, Vanillemark und -schote, Zucker, Lorbeer, Ingwer, Zitrusschalen und Zimt in der Backform mischen. Etwa 30 Min. ziehen lassen.

2. Den Backofen auf 180° (Umluft, Ober-/Unterhitze 200°) vorheizen. Die Form mit Alufolie abdecken und die Zwetschgen im Ofen (Mitte) in etwa 25 Min. weich garen. Herausnehmen und etwas abkühlen lassen. Vanilleschote, Lorbeer, Ingwer, Zitrusschalen und Zimtstange entfernen.

3. Inzwischen für den Kaiserschmarrn die Rosinen mit Rum beträufeln. Eier trennen. Die Eigelbe mit Mehl, Milch und Sahne mit dem Schneebesen zu einem glatten Teig verrühren. Die Eiweiße mit Salz und Zucker steif schlagen. Den Eischnee behutsam unterheben.

4. In einer ofenfesten Pfanne (28 cm ø) 1 EL Butter erhitzen. Den Teig gleichmäßig hineingießen und mit den Rosinen (ohne Rum) bestreuen. Bei mittlerer Hitze 1 Min. anbraten. Die Pfanne auf das Ofengitter stellen und den Teig im Backofen (Mitte) in etwa 10 Min. goldbraun backen.

5. Den Kaiserschmarrn aus dem Ofen nehmen und auf ein Schneidebrett stürzen. In etwa 2 cm große Stücke schneiden. Den Puderzucker in die Pfanne streuen und hell karamellisieren lassen. 1 1/2 EL Butter in kleinen Stücken zugeben und gut durchschwenken. Die Teigstücke in die Pfanne legen, mit Mandeln bestreuen und mit dem Rum beträufeln. 1–2 Min. unter Rühren hellbraun karamellisieren lassen.

6. Den Kaiserschmarrn in der Pfanne anrichten und mit Puderzucker bestäuben. Mit dem Zwetschgenröster oder nach Saison auch mit Birnen- oder Apfelkompott servieren.

ES GIBT DREI *Versionen, wie die Wiener Mehlspeise zu ihrem Namen kam. Die schnulzige: Die magersüchtige Sisi wies die Kalorienbombe vehement zurück und ihr kaiserlicher Gemahl sagte dem Service: »Geb' er mir halt den Schmarrn!« Die folkloristische: Ein Senner (auf österreichisch Kaser) bereitete auf seiner Almhütte dem jagenden Kaiser Franz Josef I. (Sisis Mann) einen Kaserschmarrn, den Monarch oder Mitjäger zum Kaiserschmarrn aufwitzelten. Die bildungsbürgerliche: Das bäuerliche Südtiroler Gericht namens Casa-Schmarrn (Hausschmarrn) wurde der höfischen Gesellschaft auf Jagdausflügen bekannt und vornehm verballhornt.*

GEBACKENE HOLUNDERBLÜTEN

MIT VANILLESAUCE

Für 4 Personen
ZUBEREITUNG 40 Min.

FÜR DIE VANILLESAUCE

1 Vanilleschote
500 ml Vollmilch
5 Eigelbe (Größe M)
40 g Zucker
1 Prise gemahlener Zimt

FÜR DEN VANILLEZUCKER

6 EL Zucker
Mark von ½ Vanilleschote

FÜR DIE HOLUNDERBLÜTEN

1 kg Butterschmalz (oder Frittierfett)
2 Eier (Größe M)
140 g Mehl
200 ml Milch
2 EL Pflanzenöl
1 Msp. abgeriebene Bio-Zitronenschale
30 g Zucker
1 Prise Salz
12–16 Holunderblüten mit Stiel

1. Für die Vanillesauce die Vanilleschote längs aufritzen und das Mark herausschaben. Beides mit der Milch in einem kleinen Topf erhitzen.

2. Die Eigelbe mit Zucker und Zimt in einer Metallschüssel mit rundem Boden (Schlagkessel) verquirlen. Die Vanillemilch langsam durch ein Sieb in die Eigelbmasse rühren. Die Schüssel auf ein heißes Wasserbad setzen und unter Rühren mit dem Kochlöffel in etwa 10 Min. langsam erhitzen und zur Rose abziehen. Zur Probe den Kochlöffel in die Masse tauchen und daraufpusten. Bilden sich rosenförmige Wellen, ist die Sauce fertig. Die Schüssel in Eiswasser stellen und unter Rühren etwas abkühlen lassen.

3. Für den Vanillezucker Zucker und Vanillemark mit den Fingerspitzen auf einem flachen Teller mischen. Beiseitestellen.

4. Für die Holunderblüten das Butterschmalz in einem hohen Topf (24 cm ø) oder einer Fritteuse erhitzen. Die Eier trennen. Die Eigelbe mit Mehl, Milch und Öl zu einem glatten Teig verrühren. Die Zitronenschale einrühren. Die Eiweiße mit Zucker und Salz steif schlagen. Den Eischnee behutsam unter den Teig heben.

5. Einen Holzkochlöffel ins Fett tauchen. Steigen daran Bläschen auf, ist das Fett heiß genug. Die Holunderblüten nacheinander am Stiel in den Backteig tauchen, am Schüsselrand etwas abstreifen und ins heiße Fett legen. Die Blüten am Stiel leicht aufschütteln und in 2–3 Min. goldbraun backen. Mit einer Schaumkelle herausheben, auf Küchenpapier abtropfen lassen und im Vanillezucker wenden. Die restlichen Blüten ebenso frittieren. Die gebackenen Holunderblüten auf Desserttellern anrichten. Mit der Vanillesauce oder mit Vanille-, Erdbeer- oder Walnusseis servieren.

DER FRÜHER ALS BAUM *der Frau Holle sagenumwobene Strauch hat nicht gerade märchenhafte, aber wissenschaftlich erwiesene Gesundheitswirkung – auch als Holler, Holder oder schwarzer Flieder. Dem Fliedertee aus den Blüten sagt man besonders viel Heilsames nach, dem Holunderblütensenf eine aparte Note. Aus den (roh ungesunden) Beeren wird Suppe, Saft, Gelee und Obstwein gemacht. In Österreich gehört gebackener Holler zur alten Tradition der Mehlspeisen aus Backteig, in Frankreichs Großer Küche ist er unbekannt und in Deutschland neuerdings alle Frühjahr wieder in modischer Blüte – in manchen Gegenden neckisch Holunder- oder Hollerküchle genannt.*

REIS TRAUTTMANSDORFF

MIT KIRSCHEN UND ALTEM BALSAMICO

Für 4 Personen
ZUBEREITUNG 50 Min.
KÜHLEN 4 Std.

1 Vanilleschote
125 g Milchreis (Rundkornreis)
50 g Zucker
500 ml Milch
1 Stück Bio-Zitronenschale (etwa 6 cm)
1 Stück Bio-Orangenschale (etwa 6 cm)
2 Blatt weiße Gelatine
3 EL Maraschino (heller Kirschlikör)
200 g Sahne

FÜR DIE KIRSCHEN

300 g Kirschen (frisch oder aus dem Glas)
2 EL brauner Zucker
100 ml roter Portwein
1–2 kleine Zacken Sternanis
1 kleines Stück Zimtstange
200 ml Kirschsaft (oder Kirschsud aus dem Glas)
1 TL alter Aceto balsamico
1 ½ TL Kartoffelstärke

AUSSERDEM

4 Portionsförmchen (à 160 ml Inhalt oder 1 Springform 18 cm ø und Backpapier)

1. Die Vanilleschote längs aufritzen und das Mark herausschaben. Beides mit Reis, Zucker, Milch, Zitronen- und Orangenschale in einem kleinen Topf (20 cm ø) mischen. Aufkochen und den Reis abgedeckt bei schwacher Hitze in etwa 18 Min. weich kochen. Dabei gelegentlich umrühren.

2. Den Reis vom Herd nehmen und weitere 7 Min. quellen lassen. Inzwischen die Gelatine in kaltem Wasser einweichen.

3. Den Milchreis in eine Schüssel füllen, Vanilleschote und Zitrusschalen entfernen. Die Gelatine ausdrücken und in den Reis rühren, Maraschino unterziehen. Den Reis vollständig auskühlen lassen.

4. Die Sahne steif schlagen und unter den Reis heben. Die Förmchen kalt ausspülen und die Reismasse einfüllen. Den Reis alternativ in die mit Backpapier ausgelegte Springform füllen. Förmchen oder Springform mit Frischhaltefolie abdecken und mindestens 4 Std. oder über Nacht kühl stellen.

5. Die Kirschen waschen, entstielen, halbieren und entkernen. Den Zucker in einem kleinen Topf (20 cm ø) hellbraun karamellisieren lassen. Mit Portwein ablöschen und 1 Min. einkochen lassen. Sternanis, Zimt, Kirschsaft und Essig einrühren und bei mittlerer Hitze 4 Min. weiterköcheln lassen.

6. Die Stärke mit etwas kaltem Wasser verquirlen. In die kochende Sauce rühren und 3 Min. sämig einkochen lassen. Sternanis und Zimt entfernen und lauwarm abkühlen lassen. Die Sauce über die Kirschen gießen und durchrühren.

7. Die Förmchen kurz in heißes Wasser tauchen, den Reis mit einem Messer vom Rand lösen und auf flache Teller stürzen. Alternativ den Rand der Springform lösen, abnehmen und den Reis in Tortenstücke schneiden. Mit der lauwarmen Kirschsauce servieren.

DER ÖSTERREICHISCHE *Diplomat Ferdinand Graf Trauttmansdorff (1825–1896), der sein Land auch in Berlin und München vertrat, war so verschwiegen, nirgends einen Hinweis zu geben, warum ihm dies Dessert gewidmet ist. Kein Geheimnis ist hingegen, dass sich für Milchreis unter den etwa 7000 Reisarten das Rundkorn am besten eignet. Wenn jemand Probleme hat, Reis perfekt hinzubekommen, dann nennen Sie ihm diese simple Formel: Bei 100° muss er das 2,25-fache seines Gewichts an Wasser aufgenommen haben. Woran man das erkennt? Für Milchreis sollen die Körner dann einheitlich weich und trocken, für alles andere gleichmäßig al dente sein.*

PFIRSICH MELBA

MIT HIMBEERSAUCE UND KROKANTPARFAIT

Für 4 Personen
ZUBEREITUNG 45 Min.
KÜHLEN 4 Std.

FÜR DAS PARFAIT

3 Eigelbe (Größe M)
80 g Zucker
1 Vanilleschote
125 ml Milch
200 g Sahne
40 g Haselnusskrokant (Fertigprodukt)
200 g frische Himbeeren
für die Dekoration

FÜR DIE HIMBEERSAUCE

300 g tiefgekühlte Himbeeren
1 EL Puderzucker
1 TL Zitronensaft

FÜR DIE PFIRSICHE

4 Pfirsiche (à etwa 160 g)
100 ml Pfirsichlikör
200 ml Bellini (Pfirsichcocktail oder Sekt)
60 g Zucker
5–6 schwarze Pfefferkörner
1 Vanilleschote (vom Parfait)

AUSSERDEM

Terrinen- oder Backform (9 x 18 cm)

1. Eigelbe und Zucker in einer Metallschüssel mit rundem Boden verrühren. Vanilleschote längs aufritzen und das Mark herausschaben. Beides mit der Milch in einem kleinen Topf erhitzen. Die Vanillemilch langsam durch ein Sieb in die Eigelbmasse rühren. Die Vanilleschote kalt abspülen und auf Küchenpapier abtropfen lassen.

2. Die Schüssel auf ein heißes Wasserbad setzen und unter Rühren mit dem Kochlöffel in etwa 10 Min. langsam erhitzen und zur Rose abziehen. Zur Probe den Kochlöffel in die Masse tauchen und daraufpusten. Bilden sich rosenförmige Wellen, ist die Masse fertig. Die Schüssel in Eiswasser stellen und kalt rühren.

3. Die Sahne nicht zu steif schlagen. Mit dem Krokant behutsam unter die Masse heben. Einen Bogen Frischhaltefolie in kaltes Wasser tauchen, ausdrücken, auffalten und in die Form legen. Die Parfaitmasse einfüllen und mindestens 4 Std. oder über Nacht tiefkühlen.

4. Für die Himbeersauce die Beeren auftauen lassen. Mit Puderzucker und Zitronensaft fein pürieren. Die Sauce durch ein Sieb streichen und kühl stellen.

5. Die Pfirsiche waschen, halbieren und entkernen. Likör, Bellini, 400 ml Wasser, Zucker, Pfeffer und die Vanilleschote in einem Topf (24 cm ø) aufkochen. Die Pfirsiche auf die Schnittfläche hineinlegen und abgedeckt bei mittlerer Hitze in etwa 8 Min. weich garen. Wenden, vom Herd nehmen und abgedeckt noch etwa 5 Min. im Sud ziehen lassen. Herausheben, kurz abkühlen lassen und häuten.

6. Die Himbeeren für die Deko verlesen. Das Parfait aus der Form lösen, die Folie abziehen und mit einem Messer in Würfel schneiden. Die Klinge vorher in heißes Wasser tauchen. Das Parfait mit Pfirsichen und Himbeersauce in Dessertschalen anrichten. Mit den Himbeeren garnieren.

WAS MUSS EINE *Frau können, damit ihr Verehrer ihr ein Dessert aus Pfirsich auf Vanilleeis kreiert, das mit einem Schleier aus gesponnenem Zucker bedeckt ist und in einem Silberbecher serviert wird, der zwischen den Flügeln eines aus Eis gehackten Schwans steht? Sie muss die Elsa in Wagners »Lohengrin« so hinreißend singen wie die australische Primadonna Nellie Melba 1893 im Londoner Covent Garden. Sie inspirierte damit den damaligen »König der Köche« zu dem süßen Traum, den ihr Auguste Escoffier anschließend beim Souper im »Savoy« als »Pfirsich Melba« servieren ließ.*

GRUND-
REZEPTE

TAFELSPITZBRÜHE

Für etwa 3 Liter
ZUBEREITUNG 3 Std. 15 Min.

900 g Rindertafelspitz (gekocht etwa 500 g, oder Brustkern, Schulter)
Salz | schwarzer Pfeffer
1 Zwiebel (100 g)
1 EL Pflanzenöl
600 g Suppenknochen (Mark- oder Rosenknochen)
1 Möhre (120 g)
200 g Knollensellerie | 70 g Lauch
1 kleine Tomate (80 g)
1 Knoblauchzehe
einige abgezupfte Petersilienstängel
2 Lorbeerblätter
½ TL Wacholderbeeren
1 TL schwarze Pfefferkörner
½ TL Pimentkörner

1. Das Fleisch rundum mit Salz und Pfeffer würzen. Zwiebel mit Schale halbieren. Öl in einer Pfanne erhitzen. Fleisch und Zwiebel mit der Schnittfläche nach unten hineinlegen und etwa 2 Min. braten. Das Fleisch wenden und rundum 1 Min. weiterbraten.

2. Das Fleisch mit den Knochen und 3 l kaltem Wasser in einem hohen Topf (20 cm ø) aufkochen. Etwa 3 Min. sprudelnd kochen, dann offen bei schwacher Hitze 40 Min. köcheln lassen. Dabei auftretenden Schaum abschöpfen.

3. Inzwischen Möhre, Sellerie, Lauch und Tomate waschen. Möhre und Sellerie schälen. Alles längs halbieren. Knoblauch schälen und halbieren. Gemüse, Tomate, Knoblauch, Petersilie, Lorbeer, Wacholder, Pfeffer, Piment und die geröstete Zwiebel zur Brühe geben. Etwa 2 Std. 30 Min. weiterköcheln lassen, bis das Fleisch beim Hineinstechen weich ist. Das Fleisch herausnehmen, die Brühe durch ein feines Sieb gießen. Brühe und Fleisch je nach Rezept verwenden.

BRATENFOND

Für etwa 1 Liter
ZUBEREITUNG 3 Std. 30 Min.

1,5 kg klein gehackte Kalbsknochen
2 Zwiebeln (200 g)
150 g Knollensellerie
1 Möhre (100 g)
80 g Lauch
1 kleine Knoblauchzehe
2 EL Olivenöl
2 EL Tomatenmark
500 ml kräftiger Rotwein
Salz
4 Zweige Thymian
1 Zweig Salbei
2 Lorbeerblätter
1 TL schwarze Pfefferkörner
½ TL Pimentkörner

1. Den Backofen auf 200° (nur Umluft) vorheizen. Die Knochen auf einem Backblech verteilen und im Ofen (Mitte) in 30 Min. goldbraun rösten. Dabei mehrmals wenden.

2. Die Zwiebeln schälen und in 1 cm große Würfel schneiden. Das Gemüse waschen und putzen. Sellerie und Möhre schälen und klein schneiden. Den Lauch in grobe Stücke schneiden. Knoblauch schälen und halbieren.

3. Das Öl in einem Topf (28 cm ø) erhitzen. Die Zwiebeln darin bei mittlerer Hitze 3 Min. rösten. Sellerie und Möhre 5 Min. mitrösten. Knochen und Tomatenmark einrühren und 5 Min. weiterrösten. Mit etwas Rotwein ablöschen und vollständig einkochen lassen. Nochmals wiederholen. Restlichen Wein und 2,2 l Wasser zugießen, kräftig salzen. Aufkochen und offen bei schwacher Hitze etwa 1 Std. köcheln lassen. Dabei auftretenden Schaum abschöpfen.

4. Thymian und Salbei waschen und trocken schütteln. Mit Lauch, Knoblauch, Lorbeer, Pfeffer und Piment zur Sauce geben. Weitere 1 Std. 30 Min. offen köcheln lassen.

5. Ein feines Sieb mit einem feuchten Passiertuch ausgelegen. Den Fond durchpassieren und je nach Rezept verwenden. Alternativ ausgekühlt in saubere Gläser füllen und kühl aufbewahren oder in Gefrierbehälter füllen und tiefkühlen.

FISCHFOND

Für etwa 1,5 Liter
ZUBEREITUNG 1 Std. 30 Min.

1 kg Fischkarkassen (z.B. von Seeteufel, Seezunge, Rotbarben)
1 große Tomate (120 g)
¼ Fenchelknolle (50 g)
1 weißes Stück Lauch (50 g)
4 weiße Champignons (60 g)
1 Knoblauchzehe | 3 Schalotten
2 Stängel Dill | 4 EL Olivenöl
1 TL Fenchelsamen
1 TL schwarze Pfefferkörner
1 TL Pimentkörner
1 TL Wacholderbeeren | 3 Lorbeerblätter
2 TL Meersalz (z.B. Fleur de Sel)
2 Prisen Safranfäden | 300 ml Weißwein
200 ml trockener Wermut (z.B. Noilly Prat)
50 ml Anisschnaps (z.B. Pernod)

1. Die Fischkarkassen mit einer Schere in grobe Stücke schneiden. In eine Schüssel geben und unter langsam fließendem Wasser etwa 15 Min. wässern. Die Karkassen in einem Sieb gut abtropfen lassen.

2. Inzwischen Tomate, Fenchel und Lauch waschen. Tomate vierteln, Stielansatz entfernen. Fenchel und Lauch grob zerkleinern. Champignons abreiben, putzen und vierteln. Knoblauch und Schalotten schälen und halbieren. Dill waschen und trocken schütteln.

3. Das Öl in einem großen Topf (28 cm ø) erhitzen und die Karkassen etwa 3 Min. darin dünsten. Gewürze, Dill, Meersalz und Safran einrühren. Wein, Wermut, Anisschnaps und 1,2 l kaltes Wasser zugießen. Gemüse, Pilze, Knoblauch und Schalotten einlegen. In 10 Min. langsam aufkochen, dann etwa 2 Min. kochen lassen. Dabei auftretenden Schaum abschöpfen. Den Fond offen bei sehr schwacher Hitze etwa 40 Min. köcheln lassen. Den Herd ausschalten, den Fond noch 10 Min. auf der Platte ziehen lassen.

4. Ein feines Sieb mit einem feuchten Passiertuch auslegen. Den Fond durchpassieren und je nach Rezept verwenden.

GEMÜSEBRÜHE

Für etwa 2 Liter
ZUBEREITUNG 2 Std.

1 große Zwiebel (150 g)
150 g Knollensellerie
2 Möhren (200 g)
1 Petersilienwurzel (100 g)
2 Stangen Staudensellerie (200 g)
1 kleine Knoblauchzehe
2 Tomaten (200 g)
4 Champignons (60 g oder 1 EL getrocknete Pilze)
80 g Lauch
6–8 abgezupfte Petersilienstängel
1 Stängel Liebstöckel
2 EL Olivenöl
Salz
½ TL Wacholderbeeren
1 TL schwarze Pfefferkörner
2 Lorbeerblätter
½ TL Pimentkörner

1. Die Zwiebel schälen, halbieren und in grobe Würfel schneiden. Das Gemüse waschen und putzen. Knollensellerie, Möhren und Petersilienwurzel schälen, von den Selleriestangen harte Fäden abziehen. Alles in etwa 3 cm große Würfel schneiden. Knoblauch schälen und halbieren. Die Stielansätze der Tomaten entfernen, die Früchte grob würfeln. Die Champignons mit Küchenpapier abreiben, putzen und halbieren. Lauch putzen, längs halbieren und gründlich waschen. Petersilie und Liebstöckel waschen und trocken schütteln.

2. Das Olivenöl in einem Topf (24 cm ø) erhitzen. Zwiebel, Knollensellerie, Möhren und Petersilienwurzel darin etwa 5 Min. andünsten. Mit 2 Prisen Salz würzen. Knoblauch, Staudensellerie, Tomaten und Pilze zugeben, 2,5 l Wasser zugießen. Aufkochen und offen bei schwacher Hitze etwa 45 Min. köcheln lassen. Dabei auftretenden Schaum abschöpfen. Lauch, Petersilie, Liebstöckel, Wacholder, Pfeffer, Lorbeer und Piment zugeben und 45 Min. weiterköcheln lassen.

3. Ein feines Sieb mit einem feuchten Passiertuch auslegen. Die Gemüsebrühe durchgießen und je nach Rezept verwenden. Alternativ ausgekühlt in saubere Gläser füllen und kühl aufbewahren oder in Gefrierbehälter füllen und tiefkühlen.

EIERSPÄTZLE

Für 4 Personen
ZUBEREITUNG 30 Min.

300 g Spätzlemehl (oder doppelgriffiges Mehl)
5 Eier (Größe M)
4 Eigelbe (Größe M)
Salz | frisch geriebene Muskatnuss
3 EL Butter
schwarzer Pfeffer

AUSSERDEM
Spätzlehobel oder Spätzlepresse

1. Mehl, Eier, Eigelbe und 2 EL kaltes Wasser in eine Rührschüssel geben. Mit Salz und Muskatnuss würzen und mit den Knethacken des Handrührgeräts oder der Küchenmaschine in etwa 10 Min. zu einem glatten, zähflüssigen Teig verschlagen.

2. In einem großen Topf (24 cm ø) reichlich Salzwasser aufkochen. Etwas Teig in den Spätzlehobel füllen und direkt ins kochende Wasser hobeln. Mit einer Fleischgabel durchrühren, aufkochen und kurz ziehen lassen.

3. Die Spätzle mit einer Schaumkelle aus dem Wasser heben, in einem Sieb eiskalt abschrecken und gut abtropfen lassen. Fortfahren, bis der gesamte Teig verbraucht ist. Die Butter in einer großen Pfanne erhitzen und die Spätzle darin 2–3 Min. erwärmen. Mit Salz, Pfeffer und Muskatnuss würzen.

SEMMELKNÖDEL MIT PETERSILIE

Für 4 Personen, für 8 Knödel
ZUBEREITUNG 30 Min.
QUELLEN 15 Min.

150 ml Milch
300 g geschnittenes Knödelbrot (vom Bäcker)
1 große Zwiebel (150 g)
4–6 Stängel glatte Petersilie
2 EL Butter | 4 Eier (Größe M)
Salz | schwarzer Pfeffer
frisch geriebene Muskatnuss

1. Die Milch lauwarm erhitzen. Das Brot in einer Schüssel mit der Milch übergießen und 5 Min. quellen lassen. Zwiebel schälen und fein würfeln. Petersilie waschen, trocken schütteln, abzupfen und grob hacken. Butter in einer Pfanne erhitzen und Zwiebel darin 3 Min. glasig dünsten. Petersilie unterrühren und abkühlen lassen.

2. Die Eier verquirlen. Mit den Zwiebeln zum Brot geben. Mit Salz, Pfeffer und Muskat würzen, kräftig mischen und 10 Min. quellen lassen. Mit angefeuchteten Händen 8 Knödel formen.

3. In einem großen Topf (24 cm ø) reichlich Salzwasser aufkochen. Die Knödel hineinlegen, aufkochen und 5 Min. siedend kochen lassen. Dann bei schwacher Hitze etwa 20 Min. ziehen lassen. Die Knödel herausheben und sofort servieren.

KARTOFFEL-SELLERIE-PÜREE

Für 4 Personen
ZUBEREITUNG 40 Min.

600 g Knollensellerie
400 g mehlig kochende Kartoffeln
200 g Sahne | 300 ml Milch | Salz
80 g kalte Butter | schwarzer Pfeffer
frisch geriebene Muskatnuss

AUSSERDEM
Kartoffelpresse

1. Sellerie und Kartoffeln waschen, schälen und 1 cm groß würfeln. In einen Topf (20 cm ø) geben. Sahne und Milch zugießen, leicht salzen und aufkochen lassen. Abgedeckt in 25–30 Min. weich garen, bis die Flüssigkeit sämig eingekocht ist.

2. Das Gemüse durch die Kartoffelpresse drücken. Die restliche Kochflüssigkeit zugeben. Die Butter in kleine Würfel schneiden und nach und nach unter das Püree rühren. Mit Salz, wenig Pfeffer und Muskatnuss würzen.

KARTOFFELRÖSTI

Für 4 Personen
ZUBEREITUNG 45 Min.

1 kg vorwiegend festkochende Kartoffeln
Salz
schwarzer Pfeffer
frisch geriebene Muskatnuss
6–7 EL Butterschmalz

AUSSERDEM
grobe Küchenreibe

1. Die Kartoffeln waschen, mit Salzwasser bedeckt aufkochen und etwa 15 Min. bissfest garen. Abgießen, ausdampfen und etwas abkühlen lassen. Dann pellen und auf der Küchenreibe grob raspeln. Mit Salz, Pfeffer und Muskat würzen und locker durchmischen.

2. Den Backofen auf 120° (nur Ober-/Unterhitze) vorheizen. 1 EL Butterschmalz in einer kleinen Pfanne (17 cm ø) erhitzen. Ein Viertel der Kartoffelmasse darin verteilen und flach drücken. Bei mittlerer Hitze 3 Min. braten, vorsichtig wenden. Etwas Butterschmalz zugeben und die Rösti von der zweiten Seite in etwa 3 Min. goldbraun braten. Nochmals wenden und in 2 Min. knusprig braten. Auf Küchenpapier abtropfen lassen, auf ein Backblech legen und im Ofen (Mitte) warm stellen. Die restlichen Rösti ebenso zubereiten.

KARTOFFEL-ENDIVIEN-SALAT

Für 4 Personen
ZUBEREITUNG 40 Min.

1 kg Salatkartoffeln
Salz | ½ TL Kümmel | 4 EL Weißweinessig
1 TL mittelscharfer Senf
200 ml heiße Rinderbrühe
½ Bund Schnittlauch
100 g Endiviensalat (ersatzweise Kopfsalat, Radieschen, Rucola)
4 EL Pflanzenöl
schwarzer Pfeffer | 2 Prisen Zucker

1. Die Kartoffeln waschen, in einem Topf mit Wasser bedecken und mit Salz und Kümmel würzen. Aufkochen und in 20–25 Min. weich kochen. Die Kartoffeln abgießen, ausdampfen und etwas abkühlen lassen. Dann pellen und in 5 mm dicke Scheiben schneiden.

2. Essig, Senf und Brühe verquirlen. Über die Kartoffelscheiben gießen und 5 Min. ziehen lassen. Den Schnittlauch waschen, trocken schütteln und in feine Röllchen schneiden. Den Salat waschen, trocken schleudern und in feine Streifen schneiden.

3. Die Kartoffeln mit Öl beträufeln, Schnittlauch und Salatstreifen behutsam untermischen. Den Salat mit Salz, Pfeffer und Zucker abschmecken, lauwarm servieren.

RÖSTKARTOFFELN MIT ZWIEBELN

Für 4 Personen
ZUBEREITUNG 30 Min.

1 kg vorwiegend festkochende Kartoffeln
Salz
1 kleine Zwiebel (80 g)
6 Stängel glatte Petersilie
2–3 EL Butterschmalz
schwarzer Pfeffer
1 Prise Kümmel (gemahlen oder ganz)

1. Die Kartoffeln waschen, in einem Topf mit Wasser bedecken und gut salzen. Aufkochen und in etwa 15 Min. bissfest garen. Die Kartoffeln abgießen, ausdampfen und etwas abkühlen lassen. Dann pellen und in 1 cm dicke Scheiben schneiden.

2. Die Zwiebel schälen und in feine Würfel schneiden. Die Petersilie waschen, trocken schütteln, abzupfen und grob hacken.

3. Das Butterschmalz in einer großen Pfanne erhitzen. Die Kartoffelscheiben darin bei mittlerer Hitze in 2–3 Min. goldbraun braten. Die Zwiebel einstreuen und die Kartoffeln 5 Min. weiterbraten, dabei mehrmals wenden. Die Petersilie zugeben, mit Salz, Pfeffer und Kümmel würzen. Die Röstkartoffeln auf Küchenpapier abtropfen lassen und servieren.

ARTISCHOCKEN-PAPRIKA-GEMÜSE

Für 4 Personen
ZUBEREITUNG 30 Min.

2 Frühlingszwiebeln (100 g)
2 Zweige Thymian
2 rote Paprikaschoten (400 g)
2 gelbe Paprikaschoten (400 g)
4 große Artischocken (à 300 g)
1 Knoblauchzehe
6–7 EL Olivenöl
Meersalz (z.B. Fleur de Sel)
schwarzer Pfeffer

1. Die Frühlingszwiebeln waschen, putzen und schräg in dünne Ringe schneiden. Thymian waschen, trocknen, abzupfen und fein hacken. Paprika waschen, putzen, mit einem Sparschäler schälen und halbieren. Die Hälften entkernen und in Streifen schneiden.

2. Stiele der Artischocken herausbrechen. Zwei Drittel der oberen Blätter abschneiden. Blätter um den Boden wegschneiden, Heu mit einem kleinen Löffel entfernen. Die Böden halbieren und in 5 mm dicke Scheiben schneiden. Knoblauch schälen und andrücken.

3. In einer großen Pfanne 4 EL Öl erhitzen. Artischocken und Knoblauch darin bei mittlerer Hitze 1 Min. anbraten. Die Paprika zugeben, mit 1 Prise Meersalz würzen, mit dem restlichem Öl beträufeln und 7–8 Min. unter Rühren braten. Frühlingszwiebeln und Thymian 1 Min. mitbraten. Mit Meersalz und Pfeffer abschmecken.

ROSENKOHL MIT ZWIEBELN UND SPECK

Für 4 Personen
ZUBEREITUNG 40 Min.

1 kg Rosenkohl
Salz
1 Zwiebel (100 g)
50 g geräucherter Bauchspeck ohne Schwarte und Knorpel
2 EL Butter
schwarzer Pfeffer
frisch geriebene Muskatnuss

1. Den Rosenkohl waschen, äußere Blätter und Strunk abschneiden. Die Röschen am Stielansatz kreuzförmig einschneiden.

2. Die Röschen in kochendem Salzwasser in etwa 15 Min. weich garen. In ein Sieb abgießen und eiskalt abschrecken. Gut abtropfen lassen und halbieren.

3. Die Zwiebel schälen und in feine Würfel schneiden. Den Speck fein würfeln. Eine Pfanne lauwarm erhitzen. Den Speck darin bei mittlerer Hitze in 2 Min. goldbraun braten. Die Zwiebel 2 Min. mitbraten. Die Butter zugeben und aufschäumen lassen. Den Rosenkohl 2 Min. in der Speckbutter erhitzen. Mit Pfeffer, Muskatnuss und wenig Salz würzen.

WIRSINGPÜREE MIT SCHALOTTEN

Für 4 Personen
ZUBEREITUNG 30 Min.

800 g Wirsing
Salz
1 große Schalotte (60 g)
2 EL Butter
200 g Sahne
schwarzer Pfeffer
frisch geriebene Muskatnuss

1. Wirsing waschen, halbieren und Strunk herausschneiden. Die Hälften grob schneiden. In kochendem Salzwasser in etwa 14 Min. weich kochen. In ein Sieb abgießen, eiskalt abschrecken und gut abtropfen lassen. Restliches Wasser mit den Händen ausdrücken. Den Wirsing in Portionen durch den Fleischwolf (mittlere Scheibe) drehen oder fein hacken. Schalotte schälen und fein würfeln.

2. In einem Topf (20 cm ø) 1 EL Butter erhitzen und die Schalotte darin 3 Min. glasig dünsten. Sahne zugießen und 2 Min. einkochen lassen. Den Wirsing darin bei schwacher Hitze 5 Min. erwärmen. Die restliche Butter in Stückchen einrühren. Das Püree mit Salz, Pfeffer und Muskatnuss abschmecken.

GRÜNE SAUCE MIT SIEBEN FRISCHEN KRÄUTERN

Für 4 Personen
ZUBEREITUNG 10 Min.

80 g saure Sahne
80 g Crème fraîche
1 TL mittelscharfer Senf
1 TL Sahnemeerrettich (aus dem Glas)
1 großes gemischtes Kräuterbund (Schnittlauch, Borretsch, Brunnenkresse, Dill, glatte Petersilie, Kerbel, Sauerampfer, abgezupft etwa 40 g)
1 Spritzer Zitronensaft
1 Prise Zucker
Salz | schwarzer Pfeffer

1. Die saure Sahne mit Créme fraîche, Senf und Meerrettich in einer Schüssel mit dem Schneebesen verrühren.

2. Das Kräuterbund waschen und trocken schütteln. Den Schnittlauch in feine Röllchen schneiden, die restlichen Kräuter abzupfen und fein hacken.

3. Die Kräuter unter die Sahnecreme rühren. Die grüne Sauce mit Zitronensaft, Zucker, Salz und Pfeffer abschmecken. Die Sauce passt gut zu gekochtem Rindfleisch, Lamm, Geflügel, Kartoffeln, Spargel und Blumenkohl.

PESTO MIT PINIENKERNEN UND KNOBLAUCH

Für etwa 300 g
ZUBEREITUNG 10 Min.

1 Bund Basilikum (abgezupft etwa 30 g)
6–8 Stängel glatte Petersilie
1 Knoblauchzehe
30 g Pinienkerne (oder Mandeln)
50 g frisch geriebener Parmesan
Meersalz (z.B. Fleur de Sel)
schwarzer Pfeffer
200 ml Olivenöl

1. Basilikum und Petersilie waschen, trocken schütteln, abzupfen und grob zerschneiden. In ein hohes Gefäß füllen. Knoblauch schälen, grob zerkleinern und zu den Kräutern geben.

2. Die Pinienkerne in einer Pfanne ohne Fett in 2–3 Min. goldbraun rösten. Herausnehmen und abkühlen lassen. Mit dem Parmesan zu den Kräutern geben.

3. Die Kräuter leicht mit Meersalz und Pfeffer würzen. Mit dem Olivenöl übergießen und mit dem Pürierstab möglichst fein mixen. Das Pesto je nach Rezept verwenden. Zum Aufbewahren in ein kleines Schraubglas füllen, mit Olivenöl bedecken und verschließen. Im Kühlschrank mehrere Wochen haltbar.

MAYONNAISE MIT SENF UND TABASCO

Für etwa 200 g
ZUBEREITUNG 5 Min.

2 Eigelbe (Größe M)
2 EL mittelscharfer Senf
einige Spritzer Tabasco
einige Spritzer Worcerstersauce
Salz | schwarzer Pfeffer
150 ml Pflanzenöl

1. Eigelbe und Senf in ein hohes Gefäß geben. Mit Tabasco, Worcestersauce, Salz und Pfeffer würzen und mit dem Pürierstab leicht anmixen. Das Öl langsam zugießen. Dabei beständig weitermixen, bis sich Eigelbe und Öl zu einer glatten Creme verbinden.

2. Die Mayonnaise mit Salz und Pfeffer abschmecken und je nach Rezept verwenden. Abgedeckt im Kühlschrank 2–3 Tage haltbar.

REGISTER

PRODUKTE- UND REZEPTGRUPPENREGISTER

IMPRESSUM

Die Rezeptautorin

Monika Schuster
ist gelernte Köchin und Küchenmeisterin, die u.a. die Ladengastronomie des renommierten Feinschmeckerparadieses »Dallmayer« in München leitete. Neben Rezeptentwicklungen für Großmeister Eckart Witzigmann und für zahlreiche Industriekunden arbeitet sie auch als Food-Stylistin, u.a. für dieses Buch. Bei GU sind von ihr das mit einer Goldmedaille der GAD prämierte Buch »Niedrigtemperatur - Fleisch und Fisch sanft garen« sowie der Titel »Food for Love« erschienen.

Der Textautor

Alfons Schuhbeck
übernahm 1980 nach Lehrjahren in Salzburg, Genf, Paris, London und München sowie in der Hotelfachschule Bad Reichenhall das elterliche Kurhausstüberl in Waging am See (Oberbayern). 1983 erhielt er einen Stern im Michelin, 1989 kürte ihn der GaultMillau zum Koch des Jahres. Er erweckte die regionale Küche in Deutschland zu neuer Blüte und ist durch 25 Bücher und zahlreiche Fernsehauftritte einer der populärsten Köche in Deutschland. Seit 2003 lebt und arbeitet er in München.

Der Fotograf

Klaus-Maria Einwanger
setzt in seiner Foodartfactory mit Leidenschaft Essen in Kunst um. Seine atmosphärisch dichten Bilder machen Lust auf mehr und zeichnen sich besonders durch die liebevollen Details und das stimmungsvolle Licht aus. Ort des Wirkens sind seine Studios in Rosenheim und London. Bei diesem Buch wurde er von Monika Schuster und Anka Köhler im Food-Styling unterstützt. Rund um Ausstattung und Styling bewies Alexandra Holzer ihr Können und ihren Geschmack. Als Assistenten waren Sandra Mayer, Toni Maier und Max Wohllaib im Einsatz, die Bildbearbeitung lag bei Christian Kempf.

Redaktion: Stephanie Wenzel
Lektorat: Petra Teetz
Korrektorat: Mischa Gallé
Versuchsküche: Anka Köhler, Küchenmeisterin, München
Bildnachweis: Klaus-Maria Einwanger
Umschlaggestaltung und Innenlayout: independent Medien-Design, München
Herstellung: Gabi Pall
Satz: Bernd Walser Buchproduktion, München
Reproduktion: Longo AG, Bozen
Druck: Firmengruppe Appl, aprinta druck, Wemding
Bindung: Firmengruppe Appl, m.appl GmbH, Wemding

ISBN 978-3-8338-1703-8
1. Auflage 2009

GRÄFE UND UNZER

Ein Unternehmen der
GANSKE VERLAGSGRUPPE

DAS ORIGINAL GU MIT GARANTIE

Unsere Garantie

Alle Informationen in diesem Ratgeber sind sorgfältig und gewissenhaft geprüft. Sollte dennoch einmal ein Fehler enthalten sein, schicken Sie uns das Buch mit dem entsprechenden Hinweis an unseren Leserservice zurück. Wir tauschen Ihnen den GU-Ratgeber gegen einen anderen zum gleichen oder ähnlichen Thema um.

Liebe Leserin und lieber Leser,

wir freuen uns, dass Sie sich für ein GU-Buch entschieden haben. Mit Ihrem Kauf setzen Sie auf die Qualität, Kompetenz und Aktualität unserer Ratgeber. Dafür sagen wir Danke! Wir wollen als führender Ratgeberverlag noch besser werden. Daher ist uns Ihre Meinung wichtig. Bitte senden Sie uns Ihre Anregungen, Ihre Kritik oder Ihr Lob zu unseren Büchern. Haben Sie Fragen oder benötigen Sie weiteren Rat zum Thema? Wir freuen uns auf Ihre Nachricht!

Wir sind für Sie da!
Montag – Donnerstag: 8.00 – 18.00 Uhr;
Freitag: 8.00 – 16.00 Uhr
Tel.: 0180-5 00 50 54*
Fax: 0180-5 01 20 54*
E-Mail: leserservice@graefe-und-unzer.de

*(0,14 €/Min. aus dem dt. Festnetz/ Mobilfunkpreise können abweichen.)

P.S.: Wollen Sie noch mehr Aktuelles von GU wissen, dann abonnieren Sie doch unseren kostenlosen GU-Online-Newsletter und/oder unsere kostenlosen Kundenmagazine.

GRÄFE UND UNZER VERLAG
Leserservice
Postfach 86 03 13
81630 München